Édition : Isabel Tardif
Design graphique : Josée Amyotte
Traitement des images : Johanne Lemay
Infographie : Chantal Landry
Correction : Joëlle Bouchard

Catalogage avant publication de Bibliothèque et Archives
nationales du Québec et Bibliothèque et Archives Canada

Borne, Geneviève

   300 raisons d'aimer Londres

   Comprend un index.

   ISBN 978-2-7619-4669-8

   1. Londres (Angleterre) - Guides. I. Titre. II. Titre :
Trois cents raisons d'aimer Londres.

DA679.B67 2017   914.2104'8612   C2017-940560-8

Photographies : Geneviève Borne sauf les raisons
suivantes :
4 : IWM CWR 000177 (Map Room), IWM CWR 000499
(Bedroom) ; 6, 29, 80, 224, 226, 236, 258, 265, 280,
287, 291, 293, 295, 298, 299 : Shutterstock ; 23 : Jordan
Mansfield/Stringer/Getty ; 35 : Geneviève Borne/The
Wallace Collection ; 69 : Miles Willis/The Postal Museum
and Mail Rail ; 136 : Roelof Bakker ; 137 : PYMCA/
Contributor/Getty ; 254 : Patrick Kovarik/Staff ; 259 :
Simon Harris ; 278 : Mariell Lind Hansen ; 288 : Dan
Kitwood/Staff/Getty ; 289 : Nick Brundle Photography/
Getty ; 292 : Oversnap/Getty

Marie-Joëlle Parent est l'auteure et la créatrice
de *300 raisons d'aimer New York*, qui a inspiré
la présente collection.

À NOTER
Londres est une ville vivante, toujours en mouvement,
qui se réinvente sans cesse. Chaque semaine, de
nouveaux cafés, boutiques, commerces et restaurants
voient le jour, alors que d'autres, malheureusement,
ferment leurs portes. Tous les moyens possibles ont été
pris pour que les renseignements contenus dans ce guide
soient exacts au moment de mettre sous presse. Il est
par contre possible que des établissements aient
déménagé ou fermé leurs portes lorsque vous les
visiterez. Les menus, prix, heures d'ouverture et positions
géographiques sur les cartes sont donnés à titre indicatif
seulement et sous réserve de modifications.

Imprimé au Canada

06-17

DISTRIBUTEURS EXCLUSIFS :
Pour le Canada et les États-Unis :
MESSAGERIES ADP inc.*
Longueuil, Québec J4G 1G4
Téléphone : 450-640-1237
Internet : www.messageries-adp.com
* filiale du Groupe Sogides inc.,
  filiale de Québecor Média inc.

Pour la France et les autres pays :
INTERFORUM editis
Téléphone : 33 (0) 1 49 59 11 56/91
Service commandes France Métropolitaine
Téléphone : 33 (0) 2 38 32 71 00
Internet : www.interforum.fr
Service commandes Export – DOM-TOM
Internet : www.interforum.fr
Courriel : cdes-export@interforum.fr

Pour la Suisse :
INTERFORUM editis SUISSE
Téléphone : 41 (0) 26 460 80 60
Internet : www.interforumsuisse.ch
Courriel : office@interforumsuisse.ch
Distributeur : OLF S.A.
Commandes :
Téléphone : 41 (0) 26 467 53 33
Internet : www.olf.ch
Courriel : information@olf.ch

Pour la Belgique et le Luxembourg :
INTERFORUM BENELUX S.A.
Téléphone : 32 (0) 10 42 03 20
Internet : www.interforum.be
Courriel : info@interforum.be

Gouvernement du Québec – Programme de crédit
d'impôt pour l'édition de livres – Gestion SODEC –
www.sodec.gouv.qc.ca

L'Éditeur bénéficie du soutien de la Société de
développement des entreprises culturelles du Québec
pour son programme d'édition.

 Conseil des Arts   Canada Council
du Canada   for the Arts

Nous remercions le Conseil des Arts du Canada de l'aide
accordée à notre programme de publication.

Financé par le gouvernement du Canada
Funded by the Government of Canada |

Nous reconnaissons l'aide financière du gouvernement
du Canada par l'entremise du Fonds du livre du Canada
pour nos activités d'édition.

GENEVIÈVE BORNE

300

RAISONS D'AIMER
LONDRES

Table des matières

Préface

J e suis très heureuse de vous présenter *300 raisons d'aimer Londres*, le cinquième titre de la collection que j'ai fondée avec *300 raisons d'aimer New York*.

Après les villes de New York, San Francisco, Paris et Montréal, quel bonheur d'ajouter Londres à cette série de guides! Et qui de mieux que Geneviève Borne pouvait nous ouvrir les portes de cette grande capitale!

Globe-trotteuse invétérée, Geneviève a visité d'innombrables cités, mais c'est de Londres qu'elle est tombée follement amoureuse. Séduite par le mouvement punk et par les courants musicaux *made in the UK*, elle rêvait de visiter Londres depuis l'adolescence. «Enfin, je suis à la maison!» s'est-elle exclamée la première fois qu'elle y a mis les pieds, en 1995.

«Je me suis reconnue dans leur humour particulier, dans leur ouverture d'esprit, dans leurs habitudes alimentaires et dans leur audace au rayon vestimentaire.» À Londres, toutes les excentricités et les couleurs de cheveux sont permises. «J'ai réalisé que j'étais beaucoup plus anglaise que je le pensais. Ce fut comme un retour aux sources.» La ville est rapidement devenue une obsession, l'attirant plusieurs fois par année, comme un aimant.

Le Londres qu'elle nous fait découvrir dans cet ouvrage est en pleine mutation. Elle nous emmène dans les quartiers émergents, nous parle de la transformation des anciens quartiers portuaires et industriels en zones artistiques. Elle n'ignore pas pour autant les grands classiques, mais les présente toujours en nous racontant l'anecdote derrière les lieux. Après plus de deux décennies à visiter la métropole anglaise, elle fait le constat suivant: «C'est une ville qui veut protéger son histoire et ses traditions, tout en étant dans une course à la modernité.»

J'admire Geneviève depuis longtemps. Je me souviendrai toujours de la première fois où je l'ai rencontrée. Elle ne s'en souvient probablement pas. J'étais réceptionniste dans un hôtel de Montréal pendant mes études universitaires. Elle était sur place pour un tournage et s'était immédiatement dirigée vers moi pour se présenter et me poser mille questions. Sa grande gentillesse, son sens de l'émerveillement et sa curiosité sans bornes (le jeu de mots n'est pas volontaire!) m'avaient profondément marquée. Ce sont sans doute ces qualités qui font d'elle une grande voyageuse. Elle n'a aucun préjugé, elle est curieuse, observatrice et généreuse. On ressent cette générosité en parcourant les pages de son livre. Geneviève nous ouvre son précieux carnet d'adresses et nous prend par la main, comme si nous avions une amie londonienne. Quelle chance nous avons!

Marie-Joëlle Parent
Créatrice de la collection «300 raisons d'aimer»
Auteure de *300 raisons d'aimer New York*
et de *300 raisons d'aimer San Francisco*

Introduction

Je suis amoureuse de Londres depuis toujours. Je m'y suis rendue pour la première fois en septembre 1995, à l'époque où je travaillais à MusiquePlus. J'ai eu un coup de foudre total pour la ville et un immense sentiment de «déjà vu» m'a habitée tout au long du séjour. Oui, c'était ma première visite à Londres, mais j'y étais allée des milliers de fois dans mon cœur et dans ma tête, que ce soit en dansant sur les sonorités audacieuses de l'artiste new wave Gary Numan, en chantant à tue-tête sur du Led Zeppelin ou en affirmant mon insolence d'adolescente sur The Clash. La musique est ma religion et Bowie est mon dieu. Un dieu londonien qui n'a jamais eu peur de se métamorphoser et d'être qui il voulait. C'est ce que cette ville nous permet: être intensément nous-mêmes! Quand je marche dans ses rues, mon cœur bat plus fort que d'habitude. Chaque endroit que je visite me procure les sensations fortes d'un rendez-vous galant, tant je suis envoûtée. J'aime que Londres protège furieusement ses traditions et son histoire, tout en se projetant résolument vers l'avenir. Les gratte-ciel qui s'élèvent dans la City annoncent désormais un centre-ville moderne. Pourtant, des couches de cendres et de pierres s'y sont superposées depuis près de 2000 ans. Visiter Londres me fait voyager dans le temps: ses ruines romaines témoignent de l'époque où elle s'appelait *Londinium* et faisait partie de l'Empire, ses forteresses médiévales rappellent les combats des chevaliers et font revivre des histoires de princesses, l'architecture victorienne me séduit par son raffinement et me fait rêver à cette ère prodigieuse...

Ma passion pour Londres, je souhaite vous la transmettre en partageant 300 raisons qui me font craquer pour cette immense ville. Je vous emmènerai revisiter ses grands classiques tout en vous faisant découvrir ses facettes méconnues (la ville est en grande mutation et se fait encore plus belle!). Je vous entraînerai dans un pèlerinage, sur les traces des plus grandes stars de la musique ayant trouvé l'inspiration dans sa beauté. Je vous conduirai sur les lieux de l'émergence du mouvement punk et vous présenterai aussi mes idoles de la mode anglaise. Je vous ferai goûter à la gastronomie en constante évolution et vous inviterai à boire un verre dans des lieux où il n'y a pas que l'alcool qui nous envoûte, mais aussi l'architecture et la déco! Je vous prends donc par la main et vous présente, quartier par quartier, mon Londres à moi. Celui qui fait battre mon cœur et où je me rends chaque année depuis 22 ans. Cette ville aux multiples visages vous enchantera, je l'espère, tout autant qu'elle m'enchante!

*La première chose à faire en arrivant à Londres est de vous procurer la **Oyster Card**, une carte qui vous permettra de voyager à bord du métro, des trains de banlieue et des autobus de la ville. Vous économiserez beaucoup d'argent en utilisant ce billet électronique unique plutôt qu'en payant chaque passage.*

Mes « TOPS »

LES CHÂTEAUX ENCHANTEURS
1 Kensington Palace **[RAISON N° 266]**
2 Highclere Castle **[RAISON N° 289]**
3 St. James's Palace **[RAISON N° 18]**
4 Hampton Court Palace **[RAISON N° 284]**
5 Tower of London **[RAISON N° 129]**

DE BEAUX PARCS OÙ FLÂNER
1 St. James's Park **[RAISON N° 11]**
2 Kensington Gardens **[RAISON N° 267]**
3 Abney Park Cemetery **[RAISON N° 155]**
4 Battersea Park **[RAISON N° 249]**
5 Kew Gardens **[RAISON N° 279]**

LES VUES LES PLUS SPECTACULAIRES
1 The View from The Shard [RAISON N° 198]
2 Tower Bridge (tout en haut!) [RAISON N° 130]
3 London Helicopter [RAISON N° 251]
4 Jubilee Walkway, [RAISON N° 215]
5 O2 Arena [RAISON N° 171]

LES ENDROITS PARFAITS POUR PRENDRE UN VERRE
1 Experimental Cocktail Club [RAISON N° 97]
2 East Bar [RAISON N° 32]
3 Dalston Roof Park [RAISON N° 153]
4 Dishoom [RAISON N° 140]
5 Cahoots [RAISON N° 87]

LES PETITS PARADIS DES *FOODIES*
1 Charlotte Street [RAISON N° 78]
2 Bermondsey Street [RAISON N° 186]
3 Brixton Village [RAISON N° 246]
4 Brick Lane Market [RAISON N° 134]
5 Neal's Yard [RAISON N° 107]

LES MEILLEURES RUE DE SHOPPING
1 New Bond Street et Old Bond Street [RAISON N° 27]
2 Camden High Street [RAISON N° 56]
3 Carnaby Street [RAISON N° 85]
4 Marylebone High Street [RAISON N° 43]
5 Oxford Street [RAISON N° 82]

*Si vous souhaitez louer une voiture pour parcourir
la ville, rappelez-vous que la conduite se fait à gauche.
Si vous circulez à pied, regardez à droite pour voir
si la voie est libre avant de traverser!*

DES VISITES THÉMATIQUES INCONTOURNABLES

PÈLERINAGES ROCK

La maison de Jimi Hendrix [RAISON N° 33]
Le Roundhouse [RAISON N° 54]
La murale de David Bowie [RAISON N° 243]
Le Troubadour [RAISON N° 252]
L'appartement des Rolling Stones [RAISON N° 253]

POUR L'AMOUR DES BEATLES

3 Savile Row [RAISON N° 30]
Apple Boutique [RAISON N° 38]
34 Montagu Square [RAISON N° 39]
Beatles Store [RAISON N° 47]
Abbey Road Studios [RAISON N° 48]
BBC Maida Vale Studios [RAISON N° 49]
St. Pancras Old Church [RAISON N° 61]
Chiswick House [RAISON N° 278]
Liverpool [RAISON N° 296]

BOND, JAMES BOND

Savile Row (pour les beaux habits) [RAISON N° 29]
London Film Museum (expo James Bond) [RAISON N° 105]
SIS Building (les services secrets) [RAISON N° 239]
London Helicopter [RAISON N° 251]

LE MONDE DE HARRY POTTER

St. Pancras Renaissance London Hotel [RAISON N° 64]
Quai 9¾ et Harry Potter Shop [RAISON N° 65]
Leadenhall Market [RAISON N° 125]

SUR LES TRACES DE CHURCHILL

10 Downing Street [RAISON N° 2]
Winston Churchill Statue [RAISON N° 5]
Churchill War Rooms [RAISON N° 4]
St. Paul's Cathedral [RAISON N° 116]
Churchill's House [RAISON N° 264]
Chartwell [RAISON N° 299]

Whitehall, Westminster et St. James's

Commençons le voyage ici, dans une partie de la ville intimement liée à la famille royale, à la politique et à la guerre. **Whitehall, Westminster** et **St. James's** sont des quartiers chics où vous pourrez faire le plein d'histoire en côtoyant les fantômes de Churchill et de la reine Victoria, découvrir les plus anciens marchands du quartier, vous gaver d'œuvres d'art et admirer deux des plus célèbres attractions touristiques londoniennes : Big Ben et le palais de Buckingham.

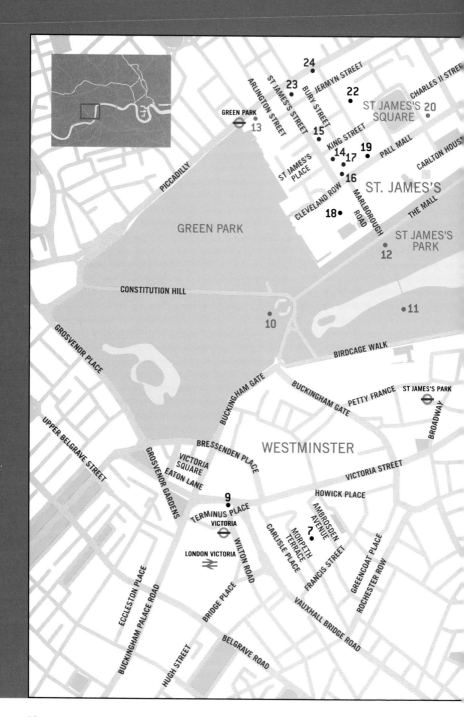

TRAFALGAR SQUARE

CHARING CROSS

STRAND

● 21

WHITEHALL

NORTHUMBERLAND AVENUE

EMBANKMENT

WHITEHALL PLACE

WHITEHALL

HUNGERFORD AND JUBILEE BRIDGES

WATERLOO BRIDGE

HORSE GUARDS AVENUE

HORSE GUARDS ROAD

VICTORIA EMBANKMENT

● 1

● 2

DOWNING STREET

KING CHARLES STREET

● 4

WESTMINSTER

STOREY'S GATE

BRIDGE STREET

● 5   3
       ●

WESTMINSTER BRIDGE

TOTHILL STREET

ABINGDON STREET

● 6

TAMISE

GREAT COLLEGE STREET

GREAT PETER STREET

MARSHAM STREET

HORSEFERRY ROAD

LAMBETH BRIDGE

THORNEY STREET

PAGE STREET

ERASMUS STREET

JOHN ISLIP STREET

● 8

MILLBANK

● Voir + photographier
● Boire + manger
● Shopping + brocante
● Arts + culture
● Activités + promenades

THE WOMEN OF WORLD WAR II

Un monument pour des femmes courageuses

1 Je trouve très touchant le **Monument to the Women of World War II**, sur l'avenue Whitehall. Il est consacré à celles qui ont résisté avec courage ou occupé des emplois dits «masculins» durant la Seconde Guerre mondiale. Qu'a-t-on représenté sur ce monument de bronze? Des vêtements! Dix-sept tenues portées par des millions de femmes pour pratiquer, temporairement, les métiers de policières, pompières et soudeuses, normalement réservés aux hommes à cette époque. Vous serez sensibilisé à leur inestimable contribution en temps de guerre, trop peu soulignée!
[Whitehall, près de Downing St]
⊖ **WESTMINSTER**

La porte la plus célèbre!

2 Vous reconnaîtrez facilement cette façade qu'on aperçoit dans les bulletins télévisés : le **10 Downing Street**, résidence et bureau du premier ministre de la Grande-Bretagne. Malheureusement, une barrière bloque la rue dans laquelle donne la fameuse porte. Il faut avoir un rendez-vous officiel pour y accéder. Sur place, vous pourrez tout de même observer l'action qui se déroule dans les environs : les nombreux journalistes qui s'y retrouvent, les grands déploiements de sécurité, et, si vous avez de la chance, l'arrivée de grands chefs d'État.
[10 Downing St]
⊖ **WESTMINSTER**

Le son et l'image de Londres

3 Vous êtes devant le monument le plus célèbre de la ville. Vous le reconnaissez, bien sûr, mais connaissez-vous son vrai nom ? Le plus grand quiproquo le concernant est qu'il s'appelle Big Ben. Erreur : son nom est plutôt **Elizabeth Tower**. Mais qui est Big Ben, alors ? C'est l'immense cloche de 13,5 tonnes installée au sommet de la tour, qui sonne à chaque heure depuis 1859. En tant que voyageur, vous ne pourrez malheureusement pas grimper là-haut pour admirer cette cloche (et la vue sur la ville !), car il faut absolument être citoyen britannique et obtenir une permission spéciale du Parlement pour avoir cette chance. Histoire de famille : saviez-vous que Big Ben a un petit frère ? Vous pouvez le rencontrer devant la gare Victoria (voir raison 9).

[Westminster Palace]

⊖ **WESTMINSTER**

Saviez-vous que Big Ben a son propre compte Twitter, qui rapporte d'heure en heure ses célèbres sonorités ?

Le bunker de Churchill

4 Je suis fascinée par Winston Churchill depuis longtemps. Je suis impressionnée par la personnalité, l'humour et la grande détermination qu'il possédait. Vous pouvez découvrir un pan très important de sa grande carrière de politicien en visitant les **Churchill War Rooms**, camouflées plusieurs pieds sous terre, et maintenant transformées en musée. Dans ce lieu secret impressionnant, l'ancien premier ministre avait installé son centre de commandement tout au long de la Seconde Guerre mondiale. Vous y verrez sa modeste chambre à coucher, la salle des cartes d'où il élaborait ses stratégies avec ses généraux, ainsi que le téléphone secret avec lequel il pouvait communiquer en tout temps avec l'ancien président des États-Unis, Franklin Roosevelt.
[Clive Steps, King Charles St]
⊖ WESTMINSTER

Une grande statue pour un grand homme

5 L'ancien premier ministre britannique Winston Churchill est mort en 1965, mais sa présence se fait encore sentir dans la ville, particulièrement ici, au Parliament Square Garden, où a été érigée une imposante statue de bronze à son effigie, la **Winston Churchill Statue**. Mesurant 12 pieds, cette œuvre d'art trône sur un socle d'une hauteur de 8 pieds. Celui qui a siégé au parlement de Londres pendant des années charnières de l'histoire de la Grande-Bretagne semble encore veiller sur les lieux à travers ce monument. Avec l'humour qu'on lui connaît, il avait déclaré, lors du dévoilement d'un autre monument en son honneur : «Quand on a sa propre statue, on commence à regarder les pigeons d'un autre œil!»
[Parliament Square Garden]
⊖ WESTMINSTER

L'abbaye qui a tout vu !

6 Vous avez aperçu ce chef-d'œuvre architectural des centaines de fois à la télé. Depuis le Moyen Âge, **Westminster Abbey** est témoin des événements marquants – joyeux ou tristes – entourant la famille royale. C'est d'ailleurs ici que la reine Élisabeth II s'est mariée en 1947 et qu'elle a été couronnée en 1953. S'y sont également déroulés les funérailles de Lady Diana, en 1997, ainsi que le mariage de son fils William à Kate Middleton, en 2011. Il faut absolument entrer et admirer ce lieu d'une époustouflante beauté. L'abbaye est ouverte tous les jours pour la célébration des différentes messes (entrée gratuite) et accueille à l'occasion de magnifiques concerts pour lesquels vous devez vous procurer des billets. Pour connaître la superbe programmation, consultez ce site : westminster-abbey.org
[20 Deans Yd]
⊖ **WESTMINSTER**

La plus grande cathédrale catholique !

7 **Westminster Cathedral** (à ne pas confondre avec Westminster Abbey, située tout près) est la plus grande église catholique d'Angleterre. De style néo-byzantin, elle possède une allure tout à fait unique : sa façade, faite de rayures de briques et de pierres, est si ornementée qu'il vous faudra du temps pour en contempler tous les détails. Si son extérieur est spectaculaire, son intérieur est tout aussi magnifique. Pour embellir murs et planchers, on a réalisé de superbes mosaïques et on a employé plus d'une centaine de sortes de marbres en provenance de 24 pays. Une autre raison de l'aimer : son programme de musique est renommé mondialement. Le chœur de la cathédrale, qui compte parmi les meilleurs du monde, est particulièrement connu pour son exécution des chants grégoriens et des polyphonies de la Renaissance. Faites durer l'émerveillement en montant tout en haut du clocher de la cathédrale, à 64 mètres du sol : la vue sur la ville y est incroyable !
[42 Francis St]
⊖ **VICTORIA**

Des musées gratuits !

8 Voici une autre excellente raison d'aimer Londres : l'entrée dans les musées est gratuite. Bien que certaines expositions temporaires soient parfois payantes, vous aurez accès librement aux collections permanentes, alors, profitez-en ! Les musées londoniens sont très nombreux et surtout, extrêmement variés. Que vous soyez passionné d'art, de science, de nature ou de design, vous trouverez une exposition qui vous intéressera. À la **Tate Britain** (A), vous ferez un survol impressionnant des œuvres d'art britanniques, des années 1500 jusqu'à aujourd'hui, dont de précieuses toiles de Francis Bacon (1909-1992), maître de la peinture moderne. Si l'envie vous prenait de visiter tout de suite après la grandiose **Tate Modern**, consacrée à l'art contemporain (voir raison 212), sachez que le Tate Boat (payant) fait la navette entre les deux établissements affiliés, toutes les 40 minutes.
[Millbank]
⊖ PIMLICO

Le petit frère de Big Ben

9 Un des monuments les plus charmants que vous croiserez lors de votre passage dans la capitale est **Little Ben**. Cette copie conforme de la Elizabeth Tower (voir raison 3) est installée depuis 1892 à la sortie de la gare Victoria, à 1,5 km de son grand frère. Ne vous fiez pas à l'heure qu'il affiche en hiver (une heure plus tard), puisque Little Ben indique l'heure d'été toute l'année. Le petit monument a été retiré de 2012 à 2016 pour être restauré. Il est maintenant de retour à son emplacement original et je peux vous assurer qu'il est plus beau que jamais !
[2 Wilton Rd]
⊖ VICTORIA

8A

Le palais de Sa Majesté

10 La résidence officielle de la reine Élisabeth II est un lieu où voyageurs et citoyens londoniens aiment se retrouver. Tous les jours, du matin au soir, la foule se masse devant les grilles de **Buckingham Palace,** l'un des plus célèbres palais au monde. La reine Victoria fut la première monarque à s'installer ici au XIXe siècle. D'ailleurs, vous remarquerez, devant le palais, un magnifique monument consacré à sa mémoire. Repérez le fameux balcon d'où la famille royale salue la population lors des grands événements. Les nouveaux mariés se sont succédé là-haut pour recevoir les félicitations du public à travers les années (Lady Diana et le prince Charles en 1981 ; le prince William et Kate Middleton en 2011). Malheureusement, vous n'aurez pas la chance d'accéder au balcon royal, mais vous pourrez visiter une grande partie de ce palais légendaire. Je vous assure que vous en aurez plein la vue : c'est renversant de beauté !

⊖ ST. JAMES'S PARK

Le premier parc royal

11 Le **St. James's Park** est mon parc favori de Londres. Il est magnifique avec son lac et ses saules pleureurs. Vous pouvez vous y balader librement, mais cela n'a pas toujours été le cas. Il était jadis réservé à la famille royale qui vivait juste à côté, au palais St. James's, la résidence officielle de la royauté avant la construction de Buckingham Palace (voir raison 10). Au XVIe siècle, l'extravagante reine Élisabeth Ire adorait organiser des fêtes et parader dans ce parc royal. Au fil des années, on y a fait l'élevage des cerfs pour la chasse, et des volatiles qui ont alimenté les banquets royaux. Aujourd'hui, 17 espèces d'oiseaux vivent librement dans le parc, sans craindre d'être mangés. Parmi les plus célèbres, vous croiserez les descendants des pélicans offerts par un ambassadeur russe en 1664, en plus des canards qui dominent les lieux.

⊖ ST. JAMES'S PARK

Sur les traces de Lady Diana

12 En traversant le Blue Bridge qui enjambe le lac, au centre du St. James's Park, vous remarquerez une jolie plaque décorative au sol. Elle marque le début du **Diana Princess of Wales Memorial Walk,** créé en hommage à Lady Di. En suivant ces plaques (une vingtaine), vous marcherez 11 km dans les pas de la princesse, traverserez quatre parcs royaux (St. James's, Hyde Park, Green Park et Kensington Gardens) et admirerez quelques-uns des plus beaux monuments de Londres. Une intéressante façon de découvrir cette partie de la ville tout en ayant une pensée pour cette femme qui a su toucher nos cœurs.

[St. James's Park]

⊖ ST. JAMES'S PARK

Je vous avoue que rencontrer la reine d'Angleterre est très impressionnant. S'il vous arrivait de la rencontrer un jour, sachez qu'elle vous tendra la main pour une poignée très légère. Puis vient la révérence: si vous êtes une femme, faites une brève génuflexion, en plaçant le pied droit derrière le talon gauche, la tête inclinée vers le bas. Les hommes, eux, n'ont qu'à pencher légèrement la tête. En début de conversation, vous l'appellerez «Your Majesty», puis «Ma'am» par la suite (contraction de «Madame»).

Une rue qui raconte des histoires...

13 Si vous arrivez dans le quartier St. James's par le métro Green Park, vous passerez devant le très élégant hôtel **Ritz London** (A), parfait pour prendre un verre [150 Piccadilly], et devant l'illustre restaurant d'influence suisse **Wolseley** (B), à retenir pour le lunch [160 Piccadilly] : vous êtes déjà dans l'ambiance chic du quartier St. James's ! Tournez à droite dans la célèbre St. James's Street. Cette petite rue menant vers le palais St. James's (voir raison 18) est une vieille artère commerciale qui regroupe quelques-uns des plus anciens magasins spécialisés de Londres, dont des fournisseurs officiels de la famille royale et de la noblesse, installés depuis des centaines d'années (voir raisons 14, 16 et 17). Observez les nombreux chauffeurs stationnés devant les commerces, qui attendent leurs riches clients pendant qu'ils choisissent leurs habits ou leurs chaussures faits sur mesure. Vous aurez l'impression d'être transporté dans le Londres du XIXe siècle !

[Angle de Piccadilly et St. James's St]
⊖ GREEN PARK

Chaussez ce pied célèbre !

14 Ce joli petit magasin doublé d'un atelier renferme un pan de l'histoire de la chaussure londonienne. **John Lobb Ltd**, une compagnie familiale, fabrique des souliers sur mesure depuis 1829. En près de 200 ans, les employés ont mesuré et chaussé les pieds les plus célèbres d'Angleterre (la reine Victoria, Lady Di, l'acteur Laurence Olivier), ainsi que ceux de personnalités américaines comme Frank Sinatra, Jackie Kennedy et Andy Warhol. Encore aujourd'hui, ce petit commerce est le fabricant officiel des chaussures du prince Charles. Lorsque vous y entrerez, remarquez le côté traditionnel des lieux, observez les artisans au travail et admirez les objets exposés dans les cabinets de curiosités, qui témoignent de la vaste expertise de la famille.
[9 St. James's St]
⊖ **GREEN PARK**

Have a cigar !

15 Winston Churchill venait fumer en cachette et s'approvisionner en cigares havanais chez **James J. Fox**, le plus ancien bureau de tabac de Londres. Il prenait le temps d'en fumer un au sous-sol, dans un salon privé où son fauteuil personnel se trouve encore. Même s'il était très riche, il arrivait toujours sans un sou et envoyait quelqu'un payer ses dettes, plusieurs semaines plus tard ! Si vous avez envie de vous prendre pour Churchill, vous pouvez fumer sur place afin de tester la marchandise. C'est un des rares endroits qui échappent à l'interdiction de fumer à l'intérieur !
[19 St. James's St]
⊖ **GREEN PARK**

« Fumer le cigare, c'est comme tomber amoureux. D'abord, on est attiré par la forme, puis on reste pour la saveur, et on doit toujours se souvenir de ne jamais, jamais laisser la flamme s'éteindre. »

— Winston Churchill

Avoir le vin joyeux

16 Attention : dès que vous franchirez la porte de **Berry Bros. & Rudd**, le fournisseur officiel de la famille royale et le plus ancien marchand de vins de Londres, vous serez probablement entraîné vers la gauche bien malgré vous ! Même si vous êtes à jeun, vous aurez le sentiment d'être saoul parce que le plancher de ce très vieux commerce (1698) s'est incliné avec les années. Les causes sont variées, mais on peut blâmer le sol argileux londonien, les bombardements de la Seconde Guerre mondiale et les dynamitages menés dans les environs pour édifier les nouveaux immeubles. À l'exception de ce petit détail, le magasin n'a aucunement perdu son charme d'autrefois. Rapportez une bouteille en souvenir de ce lieu si singulier !
[3 St. James's St]
⊖ GREEN PARK

Chapeau !

17 Il est un peu intimidant d'entrer ici sans rien acheter, car la boutique est toute petite et vous serez vite repéré ! Mais l'histoire du plus ancien fabricant de chapeaux de Londres (et peut-être même du monde entier), **Lock & Co. Hatters**, est une affaire de famille qui dure depuis près de 350 ans, et le lieu mérite un coup d'œil. Admirez d'abord la jolie devanture qui est restée la même depuis toutes ces années. Churchill, qui avait beaucoup de style, achetait ses nombreux chapeaux ici. Le bicorne de l'amiral Horatio Nelson a été confectionné dans cette boutique. L'entreprise familiale est également à l'origine du célèbre *bowler hat* (chapeau melon) qu'ont porté Charlie Chaplin, Laurel et Hardy, et le personnage mystérieux de certains tableaux du peintre René Magritte. Ce chapeau était devenu si populaire à Londres que tout homme qui se respectait ou souhaitait faire preuve d'élégance, le portait. Si vous avez vu la comédie musicale *Chicago*, vous savez que les femmes aussi le portent à merveille !
[6 St. James's St]
⊖ GREEN PARK

Bonjour, le Québec!

19 En passant devant le n° 59 de Pall Mall, vous verrez flotter au vent le drapeau du Québec! C'est l'emplacement de la **Délégation générale du Québec** à Londres, qui représente notre gouvernement au Royaume-Uni depuis 1962. Notre province est la seule au pays dont la délégation a pignon sur rue dans la capitale anglaise. Grâce à elle, les entreprises et institutions québécoises reçoivent un coup de main pour développer leurs affaires. La délégation peut aussi prêter des locaux à ceux qui souhaitent faire des présentations ou des lancements. Si vous vous sentez déjà à la maison dans la ville de Londres, la présence de la délégation québécoise et du fleurdelisé vous confortera dans ce sentiment!
[59 Pall Mall]
⊖ **GREEN PARK**

L'ancien palais des rois

18 J'avoue avoir un faible pour le **St. James's Palace**, magnifique immeuble de style Tudor, qui a été la résidence officielle de la famille royale avant d'être détrôné par Buckingham Palace (voir raison 10). Même s'il a perdu son titre, le palais sert maintenant de lieu de cérémonie pour des rencontres protocolaires ou pour de grandes soirées-bénéfices. Vous ne pourrez pas visiter l'endroit puisqu'il n'est pas ouvert au public, mais vous pourrez contempler de l'extérieur son côté austère et mystérieux.
[Marlborough Rd]
⊖ **GREEN PARK**

Le repaire des grands maîtres

20 J'ai eu un immense coup de cœur pour la galerie d'art **Philip Mould & Company** qui recouvre 500 ans de peinture britannique. On y admire surtout des portraits de l'époque des Tudor et des Stuart. En déambulant devant ces nombreux personnages, vous pourrez jouer à deviner la vie de ces gens qui ont posé si patiemment pour les grands peintres de l'époque. Les œuvres exposées ici sont toutes à vendre... À ceux qui peuvent se les offrir !
[18-19 Pall Mall]
↔ GREEN PARK ou PICCADILLY CIRCUS

Là ou l'art contemporain est roi !

21 L'**Institute of Contemporary Arts** peut se vanter d'avoir présenté, à travers les années, les œuvres de prestigieux artistes contemporains et modernes tels Pablo Picasso, Jackson Pollock, Jeff Koons, Peter Blake, Keith Haring, Yoko Ono, Cartier-Bresson et Damien Hirst. L'«ICA» est un lieu prestigieux où vous pourrez visiter différentes galeries, profiter des deux salles de cinéma (fictions et documentaires) et du café-bar. Je vous suggère d'y passer la journée entière à faire le plein de culture. Vous ne vous y ennuierez pas !
[The Mall]
↔ PICCADILLY CIRCUS ou CHARING CROSS

La balade de John et Yoko

22 Si les histoires de cœur des Beatles vous intéressent, passez par **Mason's Yard**, une cour intérieure consacrée à l'art, où John Lennon est tombé amoureux de l'artiste Yoko Ono, en 1966. Elle exposait alors ses œuvres à la défunte Indica Gallery, au sous-sol du Indica Bookshop, maintenant devenue la galerie **Stephen Ongpin & Guy Peppiatt Fine Art** [6 Mason's Yd]. Au centre de la cour, vous pourrez aussi visiter la galerie d'art contemporain **White Cube** (voir raison 185) qui, par son architecture très épurée, fait contraste sur cette place ancienne !
[25-26 Mason's Yd]
↔ PICCADILLY CIRCUS

Le chic magasin

23 Parfois, je me dis que le magasin **Fortnum & Mason** est trop beau pour être vrai ! On dirait un décor de cinéma. Devant la grande entrée, des portiers vous accueillent, coiffés d'un haut-de-forme. À l'intérieur, de grands escaliers donnent à l'endroit l'allure d'un club privé pour les plus nantis. Mais vous verrez, tout le monde ici est hyper-accueillant et vous pourrez aisément vous promener et admirer les lieux sans l'obligation de rien acheter. Pour souligner le 90ᵉ anniversaire de la reine Élisabeth II, Fortnum & Mason a créé un magnifique service de thé en fine porcelaine. Allez l'admirer et tentez d'y résister !

[181 Piccadilly]

⊖ GREEN PARK

Le passage du temps !

24 Dirigez-vous vers le chic passage qui relie Piccadilly et Jermyn Street depuis 1910. Ici, dans **Piccadilly Arcade**, sont rassemblés une vingtaine de marchands spécialisés (tailleurs, bijoutiers, galeries d'art, épiceries fines, etc.). Mon coup de cœur : la boutique **Snap Galleries** [nᵒ 12] où l'on vend des photos de rock stars et des œuvres d'art inspirées des plus célèbres musiciens anglais. Avis aux collectionneurs !

[St. James's]

⊖ GREEN PARK

Mayfair, Marylebone, St. John's Wood et Maida Vale

Le quartier de Mayfair est le paradis des fashionistas! Ses boutiques, ses bars et ses restaurants vous transporteront dans une ambiance électrique, de jour comme de nuit. De son côté, Marylebone se présente plutôt comme un élégant village aux accents français. Cette région de la ville, y compris St. John's Wood et Maida Vale, est aussi La Mecque des Beatles!

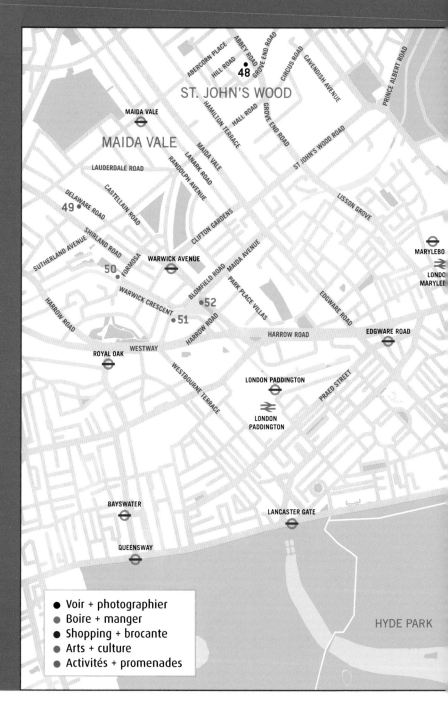

ST. JOHN'S WOOD

MAIDA VALE

MAIDA VALE

- Voir + photographier
- Boire + manger
- Shopping + brocante
- Arts + culture
- Activités + promenades

HYDE PARK

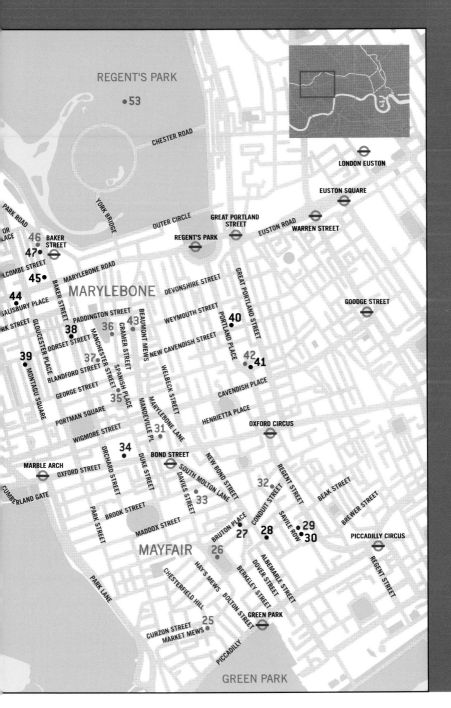

REGENT'S PARK

53

CHESTER ROAD

LONDON EUSTON

EUSTON SQUARE

PARK ROAD

YORK BRIDGE

OUTER CIRCLE

GREAT PORTLAND STREET

EUSTON ROAD

WARREN STREET

REGENT'S PARK

OR LACE

46 BAKER STREET

47

LCOMBE STREET

45

MARYLEBONE ROAD

DEVONSHIRE STREET

GOODGE STREET

44

SALISBURY PLACE

RK STREET

MARYLEBONE

BAKER STREET

PADDINGTON STREET

WEYMOUTH STREET

GREAT PORTLAND STREET

GLOUCESTER PLACE

38

36 43

BEAUMONT MEWS

CRAMER STREET

DORSET STREET

NEW CAVENDISH STREET

40

PORTLAND PLACE

39

MONTAGU SQUARE

37

MANCHESTER STREET

SPANISH PLACE

42

41

BLANDFORD STREET

GEORGE STREET

35

WELBECK STREET

CAVENDISH PLACE

PORTMAN SQUARE

MANDEVILLE PL.

MARYLEBONE LANE

HENRIETTA PLACE

WIGMORE STREET

31

OXFORD CIRCUS

34

ORCHARD STREET

BOND STREET

NEW BOND STREET

REGENT STREET

MARBLE ARCH

OXFORD STREET

DUKE STREET

SOUTH MOLTON LANE

DAVIES STREET

32

CONDUIT STREET

BEAK STREET

CUMBERLAND GATE

33

SAVILE ROW

BREWER STREET

PARK STREET

BROOK STREET

BRUTON PLACE

27

28

29

30

PICCADILLY CIRCUS

MADDOX STREET

MAYFAIR

26

ALBEMARLE STREET

REGENT STREET

HAY'S MEWS

BERKELEY STREET

DOVER STREET

PARK LANE

CHESTERFIELD HILL

BOLTON STREET

GREEN PARK

25

CURZON STREET

MARKET MEWS

PICCADILLY

GREEN PARK

Un ancien marché d'animaux

25 Contrairement à ce que laisse croire son nom, **Shepherd Market** (A) n'est plus un marché comme tel. C'est plutôt un rassemblement de jolies allées piétonnières, comprenant une soixantaine de commerces. Cet ancien marché tire son origine de la « Mayfair » (la foire de mai) des XVIIe et XVIIIe siècles. C'était, entre autres, une foire agricole où l'on vendait des animaux. L'événement provoquait un intense chaos et incitait à la beuverie et à la bagarre. Mais puisque des familles nobles commençaient à s'installer dans le quartier et qu'elles n'avaient pas envie de côtoyer les joyeux lurons que la foire attirait, le marché a dû cesser ses activités. En 1735, l'architecte Edward Shepherd a été chargé de « nettoyer » et de structurer les lieux, ce qu'il a fait en créant un square et de jolis bâtiments. Son nom fut ainsi donné à l'endroit. En marchant dans ce quartier historique, vous aurez le sentiment d'avoir trouvé un véritable trésor caché, un village tranquille pourtant situé aux abords de l'une des parties les plus achalandées de la ville ! Perdez-vous dans les petites rues sinueuses et arrêtez prendre une bière au pub **Ye Grapes** (B) [16 Shepherd Market St], installé depuis 1882 devant l'emplacement de l'ancien marché d'animaux.
⊖ GREEN PARK

L'élégant parc en face d'une maison hantée

26 Une petite balade s'impose dans le **Berkeley Square Gardens**. En arrivant, vous remarquerez les nombreux platanes plantés en 1789 (parmi les plus vieux de Londres), puis les jolis immeubles qui se dressent tout autour, dans Berkeley Square. Au **numéro 50** se trouve LA maison hantée de Londres ! Tout au long du XIXe siècle, les légendes rapportant meurtres, suicides et apparitions de fantômes dans cette résidence se sont multipliées et ont alimenté journaux et romans. Au **numéro 48** a vécu le petit Winston Churchill qui deviendrait le premier ministre de la Grande-Bretagne pendant et après la Seconde Guerre mondiale. De l'autre côté du parc, aux **numéros 15 et 18**, vous apercevrez deux commerces qui témoignent de la grande richesse des résidents du quartier : les concessionnaires Bentley et Rolls-Royce qui exposent fièrement leurs luxueuses automobiles. Le ton est donné : il y a de l'argent ici !
⊖ GREEN PARK ou BOND STREET

Lèche-vitrines extrême

27 Quand je pense à Mayfair, je pense shopping! Toutes les grandes marques et les couturiers célèbres ont pignon sur rue ici. Que vous ayez envie d'acheter de nouvelles créations ou simplement de faire du lèche-vitrines (plus abordable!), vous êtes au bon endroit. Commencez votre périple dans **Bruton Street**, à l'angle de Berkeley Square, où vous apercevrez les magnifiques boutiques de Diane Von Furstenberg, Elie Saab, Stella McCartney et Kenzo. Vous arriverez ensuite à **New Bond Street** où se multiplient les grandes marques. Tournez à droite et admirez les façades de chez Hermès, Louis Vuitton, Chanel, Cartier, Dior, etc.! La succession de magasins de luxe se poursuit lorsque New Bond devient **Old Bond Street** et qu'apparaissent les Tiffany & Co, Saint Laurent, Gucci et Valentino. Si vous êtes comme moi, amoureux de la mode, vous adorerez les somptueuses vitrines des environs. Elles vous en mettront plein la vue!
⊖ **GREEN PARK** ou **PICCADILLY CIRCUS**

La statue des vieux sages

28 Cette statue de bronze nommée **Allies** (les alliés), qui représente Winston Churchill et Franklin D. Roosevelt en pleine discussion, a été dévoilée en 1995 pour souligner le 50ᵉ anniversaire de la fin de la Seconde Guerre mondiale. Que peuvent-ils bien se raconter? Asseyez-vous entre l'ancien premier ministre de la Grande-Bretagne et l'ancien président des États-Unis et imaginez leur conversation... Immortalisez la scène en vous faisant photographier auprès d'eux. Après tout, ce n'est pas tous les jours qu'on peut prendre place entre deux chefs d'État de cette envergure! [16 New Bond St]
⊖ **GREEN PARK**

Élégance à l'anglaise

29 Reconnue mondialement depuis plus de deux siècles, **Savile Row** est le repaire des tailleurs qui fabriquent de magnifiques habits sur mesure. Parmi les personnalités célèbres qui ont fait appel à ces artisans, mentionnons Napoléon III, Winston Churchill, le prince Charles, et les acteurs Jude Law et Laurence Olivier. En vous y promenant, vous découvrirez de très anciennes boutiques où la tradition se perpétue, par exemple Gieves & Hawkes [n° 1], qui a ouvert ses portes en 1771. C'est ici qu'on confectionne les uniformes des gardes du corps de la reine. À quelques pas [n° 9], vous verrez l'enseigne du grand couturier **Alexander McQueen**. La présence d'un designer de mode dans cet univers traditionnel peut sembler étonnante, mais c'est dans cette rue que le jeune McQueen, alors apprenti, s'est initié aux rudiments du métier. **H. Huntsman & Sons** [n° 11] a fabriqué des habits pour les acteurs Gregory Peck, Paul Newman et Clark Gable. Au n° 15, se trouve Henry Poole & Co., les créateurs du premier tuxedo! Souhaitant posséder une tenue élégante pour les nombreuses soirées auxquelles il devait prendre part, le futur roi Édouard VII (alors prince) en avait passé la commande. Une balade dans Savile Row vous aidera à comprendre les origines de l'élégance anglaise!

⊖ PICCADILLY CIRCUS

Le toit qui a marqué les esprits

30 Curieusement, le plus illustre édifice de Savile Row n'a rien à voir avec les tailleurs. Il abritait plutôt, dans les années 1960, les bureaux d'**Apple Records**, la maison de disques fondée par les Beatles. C'est sur le toit du **3 Savile Row**, le 30 janvier 1969, que le groupe a donné son dernier concert (dont on a pu voir des extraits dans le documentaire *Let It Be*). Ce spectacle impromptu a duré 42 minutes avant d'être interrompu par la police qui a réussi à se hisser là-haut pour faire taire les musiciens les plus célèbres du monde! Le toit le plus notoire de Londres n'est pas accessible au public et abrite en ce moment la compagnie de vêtements Abercrombie & Fitch, mais rien ne vous empêche de laisser votre imaginaire s'emballer!

[3 Savile Row]

⊖ PICCADILLY CIRCUS

La ruelle souriante

31 Bordée de commerces et de restaurants, souvent italiens, **St. Christopher's Place**, longue ruelle piétonnière à l'ambiance festive, s'étire d'Oxford Street, au sud, jusqu'à Wigmore Street, au nord. S'y promener nous rend de bonne humeur, car on y croise plusieurs musiciens ; et des gens célèbrent souvent des anniversaires sur l'une ou l'autre des terrasses. À mi-chemin, à la hauteur de Barrett Street, une place ensoleillée accueille les nombreux résidents du quartier qui viennent, selon la tradition anglaise, prendre une bière au pub **Lamb and Flag** [24 James St] après le travail.
⊖ BOND STREET

Retour vers le futur

32 Lieu hyper-original, le **Sketch** est un ravissement pour les yeux et un fantasme pour tout instagrameur ! Dans ce complexe comprenant trois bars et deux restaurants, vous voyagerez à travers différentes ambiances. La grande salle à manger de la **Gallery**, toute rose, est digne d'un film de Wes Anderson, et le **East Bar** a des allures de vaisseau spatial. Et que dire des toilettes ? On dirait qu'elles ont été conçues par des extraterrestres ! L'établissement peut se vanter de posséder les lieux d'aisances les plus originaux et spectaculaires de la ville !
[9 Conduit St]
⊖ OXFORD CIRCUS

33

En appartement avec Haendel ou Hendrix !

33 En 1723, l'un des plus grands compositeurs de la période baroque, Georg Friedrich Haendel, s'installait dans le chic appartement du 25 Brook Street. Quelque 200 ans plus tard, le guitariste et chanteur Jimi Hendrix composait des chansons, répétait ses concerts et recevait les journalistes à la porte voisine [n° 23]. De cette cohabitation improbable est né le musée **Handel & Hendrix in London** qui recrée à l'identique les Handel House et Hendrix Flat, dont le mur mitoyen a été abattu afin de lier les univers. Vous ferez ici un double voyage dans le temps. Chez Haendel, où vous croirez encore entendre des symphonies enlevantes, vous en apprendrez beaucoup sur le prolifique musicien qui a composé, entre autres, une quarantaine d'opéras et une trentaine d'oratorios. Chez Hendrix, vous imaginerez de puissants accords de guitare électrique ! Dans les différentes pièces, vous pourrez voir des archives cinématographiques, admirer de nombreuses photos et la guitare acoustique sur laquelle il a composé certaines de ses plus belles chansons et dont il aimait jouer confortablement installé dans son lit. Si la rock star a vécu là peu de temps, vers la fin de sa vie, son voisin compositeur y a élu résidence pendant 36 ans, jusqu'à sa mort en 1759. Découvrir que le génie musical s'est exprimé à différentes époques dans le même lieu inspire toute une sensation... Il y a, sans aucun doute, de la magie dans cette maison !
[23-25 Brook St]
⊖ BOND STREET ou **OXFORD CIRCUS**

> « *La musique est ma religion.* »
> — Jimi Hendrix

Le client a toujours raison !

34 Un grand magasin, dans tous les sens du terme, a ouvert ses portes dans Oxford Street en 1909. À l'époque, l'arrivée de **Selfridges** à Londres avait été accueillie avec beaucoup d'enthousiasme parce qu'il proposait une toute nouvelle façon de présenter les produits (vêtements, accessoires, décoration, etc.) et une expérience de magasinage différente, très axée sur le service à la clientèle. La renommée de ce magasin est si grande que la série-télé *Mr Selfridge* (de 2013 à 2016), consacrée à l'histoire de son fondateur, Harry Gordon Selfridge, a été très populaire ! Dès les premiers épisodes, on pouvait observer à quel point le propriétaire avait sa clientèle à cœur et souhaitait que ses employés soient rigoureux, professionnels et enthousiastes au travail. Vous pourrez constater sur place que ses désirs ont été respectés, 100 ans plus tard !
[400 Oxford St]
⊖ BOND STREET

Quand l'art reste dans la famille

35 Vous serez ébloui en découvrant la riche **Wallace Collection** dans la somptueuse maison historique Hertford House. Cette collection familiale, qui rassemble des œuvres d'art des XVIIIe et XIXe siècles, a été élaborée au fil des ans et des générations par les quatre premières marquises de Hertford, puis par le fils de la dernière, Sir Richard Wallace. Sa veuve, Lady Wallace, a fait don de cette somptueuse collection à la Ville de Londres en 1897. Les amateurs d'architecture et d'art seront d'abord renversés par la beauté de la résidence, puis par les statues et les tableaux (dont plusieurs Rembrandt). Une visite inoubliable !
[Manchester Square]
⊖ BOND STREET

La France au cœur de Londres

36 J'adore me retrouver entre les murs du **Vieux Comptoir**, un endroit rempli de charme ! Ce lieu très chaleureux rassemble un resto, un marchand de vins et un comptoir de charcuteries et de fromages. Laurent Faure, ancien avocat à la cour de Paris, a troqué sa toge pour un tablier et a ouvert cet établissement au cœur de Londres. L'ambiance y est totalement française et les produits proviennent majoritairement de l'Hexagone. Pour en avoir un bon aperçu, laissez-vous tenter par la planche de charcuteries et de fromages !
[20 Moxon St]
⊖ BAKER STREET

Resto de feu !

37 J'adore l'idée de souper dans une ancienne caserne de pompiers ! Le **Chiltern Firehouse** est un lieu vraiment original. Le magnifique immeuble abrite des chambres d'hôtel, un bar, un club privé et un immense restaurant installé dans l'ancien garage. Je vous recommande d'y déguster les beignets de crabe et la délicieuse morue aux amandes. Un autre trésor de l'endroit : une superbe terrasse conçue pour être à l'abri des regards indiscrets. C'est sans doute l'une des raisons qui incitent de nombreuses stars à fréquenter les lieux. Acteurs, chanteurs, sportifs, tous viennent y passer du bon temps. Des noms ? Madonna, David Beckham, Kate Moss, Emma Watson… C'est certainement l'un des endroits de Londres où vous croiserez le plus de célébrités. Mais, vedettes ou pas, c'est un lieu absolument charmant et chaleureux où l'on mange bien et où la musique est excellente.
[1 Chiltern St]
⊖ BAKER STREET

Le projet de trop des Beatles

38 Regardez bien cet immeuble : si sa façade est plutôt sobre aujourd'hui (une compagnie immobilière y loge), il faut se rappeler qu'en décembre 1967, elle était recouverte de la murale psychédélique multicolore de l'**Apple Boutique** des Beatles, une boutique de mode extravagante qui portait le nom de leur maison de disques. D'abord très enthousiastes à l'idée de posséder cet endroit, les membres du groupe se sont vite rendu compte que c'était un projet de trop à gérer... La boutique engloutissait énormément d'argent, surtout à cause des vols de vêtements. Lorsque les Beatles ont décidé de mettre la clé sous la porte, en juillet 1968, les gens se sont rués dans Baker Street, car les musiciens avaient décidé de DONNER toute la marchandise à la population ! Anecdote : une diseuse de bonne aventure travaillait dans l'Apple Boutique... Je me demande si elle avait prédit que l'aventure ne durerait que sept mois !
[94 Baker St]
⊖ BAKER STREET

Le bail de Ringo

39 Au cours des années 1960, trois membres des Beatles vécurent ici, dans cet appartement du **34 Montagu Square**. L'endroit fut d'abord loué par Ringo Starr en 1965. Le batteur des Beatles y vécut seulement quelques mois avant d'acheter sa propre maison. En 1966, Paul McCartney y installa un studio de démos pour sauvegarder les balbutiements de chansons comme *I'm Looking Through You* et *Eleanor Rigby*, qu'il comptait enregistrer aux studios Abbey Road, à deux kilomètres de là. La même année, Ringo sous-loua l'appartement à Jimi Hendrix qui s'avéra bien mauvais locataire... Celui-ci eut le temps d'y composer *The Wind Cries Mary* avant d'être finalement chassé des lieux quelques mois plus tard. En 1968, l'appartement retomba entre les mains d'un autre Beatle : John Lennon ! Yoko Ono et lui y vécurent quelques mois, le temps de prendre la fameuse photo sur laquelle ils sont nus, pour la pochette controversée de l'album *Two Virgins*. Le 34 Montagu Square est aussi devenu célèbre pour la descente policière qui s'y est déroulée en octobre 1968 et qui s'est terminée avec l'arrestation de John et Yoko pour possession de drogue. Il est très étonnant que cet appartement ne soit pas devenu un musée... Si les murs pouvaient parler !
⊖ BAKER STREET

Une fée du français à Marylebone

40 **Isabelle Faulkner** est montréalaise d'origine. C'est une chouette fille, brillante, que j'ai connue dans les années 1980. Avec son mari, Michael, tous deux avocats, elle a fait plusieurs fois le grand saut en s'expatriant là où le travail les appelait. Au cours des 20 dernières années, ils ont vécu à Budapest, à Prague et à Bucarest avant de s'installer à Londres. Isabelle travaille dans le quartier Marylebone qu'elle affectionne particulièrement pour ses théâtres, ses galeries d'art prestigieuses, ses musées, et pour la Marylebone High Street aux nombreux petits commerces pittoresques. « C'est également dans Marylebone que l'on retrouve les plus grands spécialistes médicaux de la planète ! » précise-t-elle. « Pas besoin de sortir du quartier pour bien vivre. Tout est à portée de main. Les résidents viennent des quatre coins du monde et sont charmants. » C'est aussi dans ce quartier aisé que sont établis les nombreux Français qui forment la plus grande minorité de la capitale anglaise, estimée à près d'un demi-million de personnes.

À son arrivée à Londres, Isabelle souhaitait justement envoyer ses deux fils, Antoine et Laurent, dans une école bilingue pour qu'ils ne perdent pas leur français. Surprise : ce type d'établissement se faisait rare à Londres... Fonceuse, elle échafaude le projet fou d'en fonder une, avec la complicité de sa collègue Sabine Dehon. De leur détermination est née l'École Internationale Franco-Anglaise de Marylebone, qui accueille des enfants provenant des quatre coins du monde, de 18 mois jusqu'à l'âge de 18 ans. « Nous comptons plus de quarante nationalités dans nos classes, dit-elle. Notre mission est donc de former des citoyens du monde ouverts d'esprit, prêts à découvrir différentes cultures et souhaitant communiquer dans plus d'une langue. »

Bien sûr, on n'ouvre pas une nouvelle école bilingue anglaise-française, à parité 50/50, en criant ciseau ! Pour Isabelle et Sabine, ce fut tout un défi. Après plusieurs recherches, elles ont trouvé un premier bâtiment sur Portland Place pour lancer leur projet d'école primaire. Suivra, quelques années plus tard, l'ouverture de l'école secondaire, à deux coins de rue de là. Pour tout mettre en branle, elles ont eu l'aide de The Howard de Walden Estate, une grande famille aristocrate qui est toujours propriétaire d'une grande partie de Marylebone, dont les bâtiments abritant l'École Internationale Franco-Anglaise. « Sans leur soutien, l'école n'aurait pas vu le jour. Il est difficile de croire qu'il y a quinze ans, ce quartier était un peu délabré. The Howard de Walden Estate a voulu le revitaliser en rénovant les rues et les immeubles. Ils nous ont toujours soutenues, on l'a eue, notre école ! »

Si vous rêvez de vous installer à Londres avec votre famille et si vous êtes de passage dans la ville, vous pouvez à tout moment prendre rendez-vous pour visiter l'école d'Isabelle !

[36 Portland Pl]

⊖ REGENT'S PARK ou OXFORD CIRCUS

BBC la magnifique

42 La **British Broadcasting Corporation**, la société publique de production et diffusion de radio-télévision britannique, mieux connue sous le sigle BBC, se dresse sur Portland Place tel un imposant navire qui pointe sa proue vers Oxford Circus. L'immeuble de style Art déco, un joyau architectural, a été construit en 1932. Même si son allure est plutôt minimaliste, sa façade présente plusieurs détails intéressants. Vous y découvrirez des bas-reliefs qui illustrent des scènes de la pièce *The Tempest* (*La Tempête*), de Shakespeare, où ressort particulièrement le personnage d'Ariel, un esprit aérien choisi ici pour représenter la radiodiffusion. Inscrivez-vous à une visite guidée pour pouvoir contempler, à l'intérieur, l'impressionnant hall extrêmement bien conservé, ainsi que l'immense salle des nouvelles installée dans l'aile plus récente de ce temple des communications.
[Portland Place]
➾ **OXFORD CIRCUS** ou **REGENT'S PARK**

Une église qui a beaucoup d'âme

41 Voici mon église préférée de Londres. La **All Souls Church** est toute petite, mais sa forme si originale m'enchante. J'aime sa jolie rotonde et son clocher effilé. Au début du XIXe siècle, son style très critiqué a entraîné un débat à la Chambre des communes : son allure choquait ! Depuis longtemps, on la surnomme la « BBC church », vu sa proximité avec la société d'État (elle est juste à côté). D'ailleurs, la BBC diffuse parfois des concerts à partir de l'église. Vous pouvez la visiter et, si vous êtes musicien, vous pouvez même vous inscrire pour faire partie de la All Souls Orchestra le temps d'un ou deux spectacles, lors de votre passage en ville. Écrivez à serving@allsouls.org et apportez votre instrument !
[2 All Soul's Place]
➾ **OXFORD CIRCUS** ou **REGENT'S PARK**

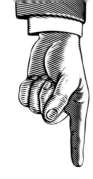

Esprit de village

43 Dirigez-vous vers le nord du quartier. Si Marylebone est un village, sa rue principale, **Marylebone High Street**, en est le cœur. Cette longue artère a été sacrée « meilleure rue de Londres » par les auditeurs de la radio BBC 4, parce qu'elle offre un havre de paix dans la fébrilité de la ville. Au numéro 105, découvrez la cuisine fusion du restaurant **The Providores**, et savourez leurs pétoncles écossais avec boudin, navet, pommes et amandes. Entrez bouquiner chez **Daunt Books** [n° 83], une librairie installée dans une magnifique maison de l'époque édouardienne. Les planchers et les murs sont recouverts de bois et le toit vitré laisse filtrer une belle lumière. Fait intéressant : les livres sont classés par pays ! Ainsi, dans la section « France », *Madame Bovary* côtoie un livre de cuisine et un guide de voyage. À quelques pas, le fameux **Conran Shop** [n° 55] offre trois étages de meubles, objets et vaisselle design. On peut se rendre sur le toit où se trouvent les meubles de jardin et où l'on peut acheter herbes fraîches, tisanes, légumes et sel de mer.

Là où il a dit oui !

44 Cet imposant édifice vous dit-il quelque chose ? C'est ici, au **Old Marylebone Town Hall**, que Paul McCartney a célébré deux de ses trois mariages. Il a dit oui à sa première femme, Linda Eastman, en 1969, et s'est uni à sa troisième épouse, Nancy Shevell, en 2011. À chacune des cérémonies, les fans, journalistes et photographes se sont pressés devant le magnifique édifice ancien pour immortaliser les amoureux célèbres. Vive les mariés !
[97-113 Marylebone Rd]
⊖ **BAKER STREET**

44

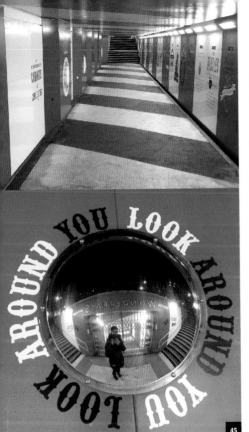

Sherlock Holmes est parmi nous!

46 Une des adresses les plus connues de Londres est le **221b Baker Street**, où a vécu de 1881 à 1904 (dans la fiction) le célèbre détective privé Sherlock Holmes. Cette résidence est devenue **The Sherlock Holmes Museum** qui rend hommage à l'enquêteur d'une logique implacable, personnage né à la fin des années 1880 de l'imagination de Sir Arthur Conan Doyle, qui reste à ce jour le personnage le plus souvent représenté au cinéma. Parmi les acteurs qui l'ont incarné, mentionnons Christopher Plummer, John Cleese, Robert Downey Jr. et Ian McKellen. Dans le petit musée, vous pourrez admirer des objets que le détective utilisait lors de ses enquêtes, comme des loupes ou des microscopes, ainsi que ses chapeaux, ses pipes et ses lunettes. Pas mal, pour un personnage qui n'a existé que dans des romans!
[221b Baker St]
⊖ [MÉTRO BAKER STREET]

Le passage magique

"Élémentaire, mon cher Watson."

45 À l'angle de Baker Street, Marylebone Road est très achalandée. Pour la traverser à cet endroit, je vous conseille d'emprunter un passage magique situé sous la rue: le **Wonderpass**. Ce couloir de métro a été transformé en expérience thématique afin de mettre en valeur, par des images et des écrits, certains lieux et personnages marquants du quartier (le musée de cire de Madame Tussauds, les Beatles, Sherlock Holmes, etc.). Le décor, entièrement rouge et blanc, rappelle l'ambiance du cirque. Si tous les tunnels de métro pouvaient avoir aussi belle allure! Il est à noter que le passage est fermé la nuit, de 20 h 30 à 6 h.
[134 Marylebone Rd]
⊖ BAKER STREET

Can't Buy Me Love!

47 Ici, c'est le paradis pour tout Beatlemaniaque! Au **Beatles Store**, vous pourrez acheter toutes sortes de vêtements et d'objets inimaginables à l'effigie des Beatles, du calendrier à la robe de chambre, en passant par l'autographe, les bottes de pluie et la tasse à café. Il y en a à tous les prix. Vous y dénicherez plusieurs souvenirs qui remontent aux années 1960, produits en pleine Beatlemania, ainsi que de nouveaux objets faits avec goût. Ces derniers apparaissent régulièrement, chaque fois qu'on célèbre l'anniversaire de certains albums ou films du groupe. Je me rends au Beatles Store à chacun de mes séjours à Londres pour enrichir ma collection d'objets en hommage à mon groupe préféré!
[231-233 Baker St]
⊖ **BAKER STREET**

Le studio le plus célèbre du monde

48 De 1962 à 1970, c'est ici, aux **Abbey Road Studios**, dans le quartier St. John's Wood, que les Beatles ont enregistré la plupart de leurs chansons, sous la direction de George Martin, leur génial réalisateur. L'institution, qui a ouvert ses portes en 1931, a longtemps porté le nom d'EMI Studios. C'est l'immense succès de l'album *Abbey Road*, dont la fameuse pochette montre les *Fab Four* traversant la rue devant le studio, qui a entraîné le changement de nom en 1969. Si vous souhaitez recréer cette photo légendaire, il vous faudra agir vite: les automobilistes s'immobilisent au passage piéton, mais pas très longtemps! Il faut les comprendre, cela fait près de 50 ans que touristes et Londoniens imitent les Beatles à cet endroit. Attendez-vous à quelques coups de klaxon ou à n'être jamais seul sur le passage piéton lors de votre séance-photo symbolique tant il y a de gens qui tentent l'expérience... Mais vous en rapporterez un excellent souvenir!
[3 Abbey Rd]
⊖ **ST. JOHN'S WOOD**

L'autre BBC

49 C'est ici, dans les **BBC Maida Vale Studios**, que les Beatles ont pris part à 52 séances d'enregistrement destinées à la radio. Plusieurs centaines de leurs compositions et de reprises y ont été enregistrées et/ou diffusées de 1962 à 1965. Ce studio était l'un des plus importants quartiers généraux du groupe. Si vous possédez les albums des Beatles *Live at the BBC*, sachez que ces nombreuses prestations ont bel et bien été immortalisées dans cet établissement notoire. Led Zeppelin, David Bowie et Beyoncé ont aussi joué ici, et le grand Bing Crosby y a fait son dernier enregistrement à vie. BBC Maida Vale Studios est également la maison de la **BBC Symphony Orchestra** qui a collaboré à des milliers d'enregistrements de musique classique depuis 1934. Pas mal pour un immeuble qui abritait au départ une piste de patinage à roulettes! Rendez-vous à l'adresse bbc.co.uk/showsandtours/shows/ pour vous procurer des billets de concerts enregistrés dans les studios, de spectacles d'humoristes ou de certaines émissions de télévision dont *Later... with Jools Holland*. Vous pouvez aussi simplement faire une visite guidée des lieux, il y a beaucoup à voir!
[120-129 Delaware Rd]
⊖ MAIDA VALE

Manger au fil de l'eau

50 Un petit creux? Faites halte au restaurant **Waterway** et détendez-vous sur l'une des plus belles terrasses de Londres. De là, vous pourrez admirer les péniches qui défilent sur le Grand Union Canal et les oiseaux qui s'installent dans les branches. Dégustez une soupe de choux-fleurs rôtis et un risotto de courge musquée, concoctés par le chef, Rasheed Shahin, qui en plus d'avoir travaillé dans des institutions très prestigieuses, a été le chef personnel de Sean Penn et d'Elton John. Que vous choisissiez le bord de l'eau ou le bord du feu à l'intérieur, vous passerez un très beau moment en ces lieux!
[54 Formosa St]
⊖ WARWICK AVENUE

THE BRITISH BROADCASTING CORPORATION

Venise-en-Londres

51 **Little Venice** est une petite zone enchanteresse située au confluent de deux grands canaux : Regent's Canal et Grand Union Canal. Ici, on a le sentiment que le temps s'arrête. La vie y est calme et se déroule doucement. Partout autour du bassin, des saules pleureurs trempent le bout de leurs branches dans l'eau. Sur les rives sont amarrées des péniches aménagées. Arrêtez-vous au charmant **Waterside Cafe** [Warwick Crescent], une embarcation transformée en petit café flottant, qui sert aussi de centre d'information pour les environs. Une autre péniche abrite le **Puppet Theater Barge** [devant le 36 Bloomfield Rd] qui présente depuis une trentaine d'années des spectacles très originaux de marionnettes sur fils. C'est à voir ! Bien que son nom évoque la ville de Venise, Little Venice ne compte pas que des résidents italiens. Elle rassemble aussi des gens originaires d'Australie, de Nouvelle-Zélande, d'Amérique du Nord et d'Europe continentale, tous tombés amoureux de cet extraordinaire coin de la ville !

⊖ WARWICK ROAD

REGISTERED AT BRENTFORD N° 506

BW 62488

LONDON WATERBUS Co

52

Une croisière sur le canal

52 Lorsque vous aurez bien profité de la quiétude et de la beauté de Little Venice, prolongez l'expérience en montant à bord d'une navette de la **London Waterbus Company**. Ce bateau-bus vous entraînera sur le Regent's Canal, vers l'est, jusqu'au fameux Camden Market (voir raison 56). L'été, il y a un départ à chaque heure, de 10 h à 17 h, à partir de Little Venice. Ce doux périple est l'occasion de réfléchir au rôle important qu'ont tenu les canaux dans la vie économique et sociale de Londres aux XIXe et XXe siècles. Creusés pour faciliter les transactions commerciales et le transport de marchandises à travers la ville (et ailleurs en Angleterre), ils furent les acteurs et témoins de tout un ballet ! Cette danse était menée par des chevaux qui tiraient de lourdes barges à partir du bord

des canaux. Puis, en raison de la concurrence du chemin de fer, le transport des marchandises sur le Regent's Canal a été interrompu à la fin des années 1960. Depuis, le cours d'eau est devenu un magnifique lieu de détente. Tout au long de votre voyage en bateau, vous apercevrez de nombreux piétons et cyclistes qui longent le canal, et des embarcations habitées, amarrées à la rive. On estime que plus de 10 000 Londoniens vivent dans ces maisons flottantes, ce qui leur permet d'habiter certains des plus beaux quartiers à peu de frais. Vous assisterez également à différents passages aux écluses, durant lesquels l'entraide entre les navigateurs est très belle à voir ! [Départ sur la rive sud de Browning's Pool, Warwick Ave]

⊖ **WARWICK AVENUE**

Quel zoo!

53 Lors de votre épopée à bord de la navette de la London Waterbus Company (voir raison 52), faites un arrêt au renommé **London Zoo**, l'un des plus anciens parcs zoologiques du monde. Ici, on peut contempler plus de 20 000 mammifères, invertébrés, poissons, oiseaux et insectes, représentant plus de 750 espèces. Un recensement conduit par les autorités du zoo a montré que le nombre de spécimens femelles surpasse le nombre de spécimens mâles! Lors de votre visite, allez absolument dans la section « Land of the Lions ». On y a reconstitué l'environnement du parc national de Gir, en Inde, d'où proviennent les fameux lions asiatiques. Vous pourrez les contempler de près, depuis les passerelles ou derrière une (solide) clôture! Si vous voulez pousser l'aventure encore plus loin, vous pourrez même passer la nuit au zoo, dans une des maisonnettes inspirées du coloré village indien Sasan Gir. Ainsi, vous aurez la chance de visiter le zoo la nuit, de vous réveiller aux cris des animaux et de les nourrir avant même l'arrivée des visiteurs. [Outer Circle, Regent's Park]

Le London Zoo est situé dans l'un des plus importants parcs de Londres, **Regent's Park** (A). Espace royal, il a autrefois été le terrain de chasse du roi Henri VIII avant de devenir accessible au public en 1835. Parmi les attractions les plus intéressantes du parc, il y a l'**Open Air Theatre** [Inner Circle, Regent's Park] où l'on présente en plein air, de mai à septembre, des pièces réputées.

Il y a aussi le **Queen Mary's Gardens** [Chester Rd, Regent's Park], un jardin qui rassemble des milliers de roses de 85 variétés. Un peu partout dans cette section du parc, vous trouverez de jolis bancs où vous asseoir pour vous détendre, lire et vous enivrer du délicat parfum des fleurs!

⊖ **MORNINGTON CRESCENT** (zoo) et **REGENT'S PARK** (parc)

Camden Town, Bloomsbury et Fitzrovia

Quartier chouchou d'Amy Winehouse et port d'attache de Harry Potter, Camden Town est un secteur effervescent, bohème et punk à la fois, où l'on trouve, entre autres, le célèbre Camden Market. Marchez à travers les nombreux squares tout verts de Bloomsbury et vivez au rythme des étudiants qui fréquentent ce quartier universitaire. Fitzrovia, le quartier chouchou des bohèmes et des écrivains, attire aussi les *foodies* qui craquent pour ses bonnes tables.

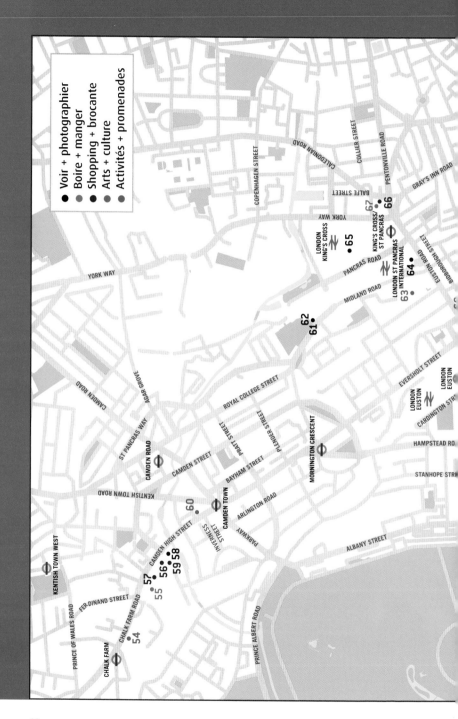

Voir + photographier
Boire + manger
Shopping + brocante
Arts + culture
Activités + promenades

De la culture à 360 degrés

54 Le **Roundhouse** est un bâtiment iconique qui possède une longue histoire. Au XIXe siècle, il a servi au remisage, à l'entretien et au changement de sens de conduite des locomotives grâce à une plaque tournante qui leur faisait faire un demi-tour. En 1966, le bâtiment est devenu une salle de spectacle inusitée, et c'est le groupe Pink Floyd qui y a donné le concert d'inauguration. Par la suite, des artistes comme David Bowie, les Rolling Stones et Led Zeppelin s'y sont produits en parallèle à de nombreuses soirées de poésie, de théâtre expérimental et de cirque. En plus d'avoir été témoin de la naissance des *Swinging Sixties* et du mouvement punk, le Roundhouse s'est imprégné de toutes les ambiances musicales : du rock psychédélique au metal, en passant par la new wave, les duels de rappeurs, les raves, et les sonorités électro des *deejays* devenus mégastars. L'endroit a fermé ses portes en 1983, à cause de graves problèmes financiers, et a sombré dans l'oubli pendant plusieurs années (sauf pour quelques soirées clandestines). Après de spectaculaires rénovations, le Roundhouse a rouvert en 2006 et a marqué le coup en présentant le flamboyant spectacle multidisciplinaire Fuerza Bruta. En plus d'une scène pour les artistes connus et d'un laboratoire créatif pour de nouvelles productions, les gestionnaires ont fondé un organisme à but non lucratif qui guide les jeunes de 11 à 25 ans vers le milieu des arts. Je vous souhaite d'assister à un spectacle dans cette salle mythique ! Mais avant d'entrer dans cet impressionnant immeuble patrimonial, levez la tête vers la toiture : vous y apercevrez une intrigante statue de l'artiste londonien Antony Gormley, qui semble surveiller les passants de Camden.
[Chalk Farm Rd]
⊖ **CHALK FARM**

Le marché des marchés

56 Les marchés sont nombreux à Londres, mais **Camden Market** est de loin le plus reconnu et le plus visité. Ils sont 100 000 résidents et voyageurs à envahir les lieux chaque week-end. Ici, vous trouverez un croisement entre le marché aux puces, le bar punk et le souk. Fondé officiellement le samedi 30 mars 1974, alors qu'on y avait installé temporairement 16 petits stands, le marché a immensément grandi depuis. Au cours des 40 dernières années, il est devenu un « village-marché ». En plus de découvrir les nombreux kiosques d'antiquités, de friperies et de nourriture exotique dans le magnifique secteur du **Stables Market**, installé dans d'anciennes écuries de l'ère industrielle [32 Camden Lock Pl], vous devez absolument aller marcher dans **Camden High Street** : plusieurs bonnes tables y ont pignon sur rue et les boutiques de vêtements, dans les immeubles en bordure, ont des façades qui rivalisent de flamboyance et d'originalité ! Haut lieu de la culture punk depuis les années 1970, Camden Market est un carrefour important pour observer le style de la rue. Partout, vous croiserez de colorés personnages sortant des salons de piercing et de tatouages, ou qui déambulent nonchalamment à travers la foule.

⊖ CAMDEN TOWN

Céréales en série

55 Un restaurant consacré aux céréales ? Oh ! que oui ! Au **Cereal Killer Cafe**, vous aurez l'impression de retourner en enfance en retrouvant vos céréales préférées parmi les 120 marques disponibles. Celles-ci proviennent d'un peu partout dans le monde (États-Unis, Espagne, Angleterre, Israël, Australie, Afrique du Sud, etc.). Vous pourrez les déguster sur place avec le lait qui vous plaît (soya, amandes, chanvre, coco ou riz) et ajouter la garniture de vos rêves (pépites de chocolat, fruits, guimauves ou biscuits Oreo). Vous en ressortirez avec une moustache de lait, une surdose de sucre et le sourire aux lèvres ! Dans ce commerce inusité, on ne se contente pas de servir des céréales... On y vend aussi des bijoux (un collier Cheerios), des produits de beauté (un gel-douche aux Froot Loops) et de la papeterie (un cahier de notes Corn Flakes). La chaîne Cereal Killer a été fondée par les jumeaux irlandais Alan et Gary Keery, qui ont eu une envie folle de manger des céréales à l'heure du lunch, par un joyeux lendemain de veille... Quel bonheur de savoir qu'ici, on peut en manger à toute heure du jour !

[Stables Market, Mezzanine 2]
⊖ **CHALK FARM** ou **CAMDEN TOWN**

Les cyber-créatures

57 **Cyberdog** est voué à la culture techno. Ici, tout est en place pour vous aider à créer un look hyper-original si vous participez à des événements de musique électro présentés à Londres, Brighton ou ailleurs. C'est une boutique pour ceux qui aiment sortir de l'ordinaire et s'exprimer à travers leur image. Une visite ici vous permettra de découvrir les nouvelles tendances mode de cet univers et de suivre l'évolution des technologies qui peuvent transformer l'expérience des danseurs. Et comme la ville de Londres (particulièrement Camden Market) a vu plus que son lot d'excentricités, profitez-en pour pousser votre look à l'extrême, jusqu'à devenir une cyber-créature urbaine. Vous serez en harmonie avec la faune colorée du quartier! [Stables Market, Chalk Farm Rd]
⊖ **CAMDEN TOWN**

58

La reine de Camden

58 En vous promenant dans Camden, vous marchez dans les pas de la chanteuse londonienne **Amy Winehouse** qui a vécu ici. Partout, vous verrez des murales à l'effigie de l'auteure-compositrice-interprète qui a séduit la planète musicale en lançant, en 2006, son deuxième album, *Back To Black*. Sa musique teintée de soul de différentes époques, ses paroles très personnelles et son allure excentrique ont touché de nombreux mélomanes qui ont pleuré son décès en 2011, à l'âge de 27 ans. Son pub favori, le **Hawley Arms** (incendié en 2008, mais reconstruit depuis), propose encore son cocktail préféré, le «Rickstasy», fait de vodka, de liqueur de banane, de Southern Comfort et de Baileys [2 Castlehaven Rd]. La **Amy Winehouse Statue**, installée en 2014 dans le Stables Market par la Amy Winehouse Foundation, témoigne de la place qu'occupe la jeune femme dans le cœur des gens du quartier [32 Camden Lock Pl]. Le **Jewish Museum London** présente régulièrement l'exposition *A Family Portrait*, en hommage à cette grande artiste d'origine juive [129-131 Albert St]. Si vous êtes déjà passé par le pub **The Dublin Castle** il y a quelques années, il y a de fortes chances que vous ayez croisé Amy derrière le bar, s'amusant à servir les clients [94 Parkway]. Sa dernière résidence, où elle a vécu jusqu'à sa mort, est un autre lieu de pèlerinage qui attire chaque année des milliers de fans souhaitant témoigner leur affection à leur idole en laissant derrière eux fleurs et graffiti [30 Camden Square]. Amy a peut-être rendu l'âme, mais elle est encore très présente par ici!

57

Des chaussures excentriques

59 Quand je franchis la porte de la boutique **Irregular Choice**, je suis émerveillée! De sublimes chaussures aux allures de bijoux s'offrent à mes yeux. Du grand bonheur. Leur créateur, le Londonien Dan Sullivan, s'inspire de nombreuses influences pour concevoir des modèles qui rappellent parfois les chaussures de danse folklorique russe, les escarpins très féminins portés dans les années 1950 ou encore les chaussures de la fascinante et élégante période victorienne. Ce qu'elles ont en commun? Elles sortent toutes de l'ordinaire! Chaque création est empreinte de charme, d'élégance... et d'humour. Les chaussures sont faites à partir de tissus somptueux, de broderies, de combinaisons de couleurs et de motifs audacieux. Souvent ornementés ou sculptés, les talons sont même faits à partir de figurines de lapin, de licorne ou de faon! Pourquoi passer inaperçue dans les rues de Camden quand on peut être chaussée de façon flamboyante?
[209-221 Chalk Farm Rd]
⊖ CAMDEN TOWN

Prendre le thé au pays des merveilles

60 Les membres de la troupe de rue brésilienne **Wonderlondon**, fascinés par le conte *Alice au pays des merveilles*, se costument comme les personnages du film réalisé par Tim Burton et recréent des passages de ce grand classique de la littérature en y intégrant les passants! Vous pouvez, par exemple, prendre le thé directement sur le trottoir de Camden High Street en compagnie du Chapelier fou, de la Reine de cœur ou du Lapin blanc, et, bien sûr, immortaliser la scène. Cette troupe d'acteurs, chanteurs et danseurs possède plus de 2000 accessoires et des dizaines de costumes qu'elle utilise pour replonger dans le roman de Lewis Carroll. La troupe se produit également sur scène, dans le cadre de différents spectacles qui rendent hommage à ce conte britannique fascinant.
[Devant le 180-188 Camden High St]
⊖ CAMDEN TOWN

My Sweet Lord!

61 Les Beatlemaniaques savent très bien que le 28 juillet 1968 a été surnommé le **Mad Day Out**. C'est la journée complètement folle durant laquelle les Beatles ont enchaîné les séances photo à travers la ville pour obtenir des images qui serviraient à la promotion du fameux Album blanc. Ce circuit est rapidement devenu un pèlerinage pour les fans qui souhaitent recréer les faits et gestes de leur groupe préféré. Vous voulez en faire autant? Le marathon photographique enchaîne sept lieux situés aux quatre coins de la ville. J'attire votre attention sur le 5ᵉ arrêt du circuit des Beatles : la **St. Pancras Old Church**. Vous retrouverez facilement sur Internet les fameuses photos des membres du groupe prenant la pose devant le magnifique portail en arc de l'église. N'hésitez pas à en faire autant, et du même coup à visiter l'intérieur de cette église édifiée sur un très ancien lieu de culte. On a retrouvé ici des ruines de bâtiments religieux du Moyen Âge et de l'époque romaine.
[Pancras Rd]
⊖ KING'S CROSS

La spirale de pierres tombales

62 Les pierres tombales du **St. Pancras Old Churchyard**, derrière l'église St. Pancras Old Church, ont été déplacées dans les années 1860 pour permettre le passage des rails lors de l'expansion du réseau ferroviaire londonien. C'est un jeune ouvrier du cimetière, Thomas Hardy, qui a eu la tâche troublante de déplacer les stèles et d'exhumer les restes humains afin de les réenterrer près d'un arbre. Le résultat est saisissant : tous les monuments ont été entassés en spirale autour de ce qu'on appelle le **Hardy Tree**. Plus tard, devenu poète, Thomas Hardy a écrit *The Levelled Churchyard*, œuvre inspirée de cette expérience traumatisante. Malgré cette histoire glauque à souhait, les lieux sont d'une grande beauté et le nouvel emplacement des stèles forme un ensemble fascinant qui invite autant au recueillement qu'à la photographie !
[Pancras Rd]
⊖ KING'S CROSS

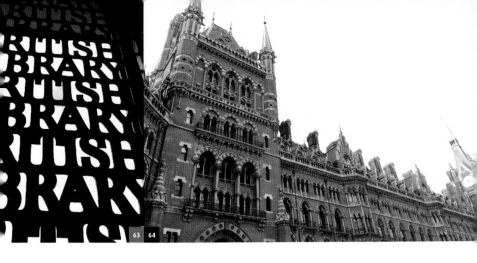

Les trésors de la grande bibliothèque

63 Il faut établir un plan d'attaque quand on entre dans la British Library, car il est impossible de tout voir en une seule visite. On parle ici de 14 millions de livres rassemblés dans la plus grande bibliothèque du monde! Je vous suggère de concentrer votre attention sur une section particulièrement intéressante : *The Treasures of the British Library*. On y a rassemblé des documents originaux très précieux, dont des partitions de Beethoven, de Chopin et de Mozart, des bibles très anciennes ainsi qu'un cahier de notes de Léonard de Vinci. Les fans des Beatles (j'en suis!) liront avec bonheur les paroles de la fameuse chanson *Yesterday*, écrites à la main par Paul McCartney. Tous ces trésors, je vous l'assure, valent vraiment le détour!

[96 Euston Rd]
⊖ **KING'S CROSS**

Un hôtel qui renaît

64 Cet hôtel spectaculaire, issu de la période victorienne et conçu dans un style néo-gothique, ressort vraiment du lot à Camden Town. Le **St. Pancras Renaissance London Hotel** est si grandiose qu'il apparaît dans plusieurs films. Harry Potter et Ron Weasley s'envolent au-dessus de l'hôtel à bord d'une Ford Anglia, dans Harry Potter et la Chambre des secrets ; et les Spice Girls ont tourné leur vidéoclip *Wannabe* entre ses murs, en 1996.

L'ouverture officielle de l'endroit, qui portait alors le nom de Midland Grand Hotel, a eu lieu en 1873. Cet hôtel extravagant, d'abord érigé pour accueillir les nombreux voyageurs qui transitaient à la gare de St. Pancras, était à l'époque l'un des plus luxueux de Londres. On y trouvait des feuilles d'or sur les murs, un foyer dans chaque chambre et des ascenseurs à la fine pointe de la technologie.

L'établissement a fermé ses portes en 1922 parce que l'entretien et le chauffage étaient trop coûteux. Après avoir abrité des bureaux pendant de nombreuses années, l'immeuble a été rénové en 2011 et est redevenu le sublime hôtel 5 étoiles qu'il était à l'origine. Lors de votre visite, admirez le majestueux escalier central qui permettait aux femmes de monter et descendre aisément, vêtues de leurs immenses robes!

[St. Pancras International, Euston Rd]
⊖ **KING'S CROSS**

Harry Potter est en ville!

65 Si vous êtes fan de la série Harry Potter, vous connaissez l'importance du quai 9¾ pour les jeunes magiciens: c'est la voie qu'ils empruntent pour se rendre à l'école de Hogwarts (Poudlard), par le Hogwarts Express. Plusieurs visiteurs qui passent par la **London King's Cross railway station** tentent en vain de traverser la brique, à l'endroit où se trouve un chariot à bagages encastré dans le mur, mais nul ne connaît la formule magique pour y arriver... Si vous n'avez pas trop d'orgueil, vous pourrez toutefois vous faire photographier lors de votre grande tentative pour passer dans le monde des sorciers! Juste à côté, le **Harry Potter Shop**, magasin officiel du jeune magicien, vend tout ce qui est relié aux aventures de Harry Potter: des coffrets de tous les films, des jeux de société, des peluches, des poupées à l'effigie des personnages et, bien sûr, des baguettes magiques. C'est peut-être ici que vous trouverez le truc pour traverser le mur menant au fameux quai 9¾!

[1 Euston Rd]

⊖ **KING'S CROSS**

La librairie des révoltés

66 Cette petite librairie, toute simple en apparence, est loin d'être banale! C'est une véritable institution dans cette partie de la ville. En effet, c'est chez **Housmans** qu'on trouve le plus grand nombre de livres et de magazines politiques en Angleterre. Dès son ouverture en 1945, ce petit commerce faisait la promotion de la paix et des droits de l'homme. À travers les années, il a servi de quartier général à divers organismes, qui militaient pour leurs idéaux, et de point de ralliement de différentes manifestations. Si vous souhaitez prendre le pouls politique de la ville, rendez-vous entre les murs de cette librairie engagée!

[5 Caledonian Rd]

⊖ **KING'S CROSS**

Tout en un !

67 Chez **Drink Shop & Do**, on oublie le temps qui passe ! C'est un lieu hybride où la créativité prend toute la place et où l'atmosphère évolue selon les heures. Ainsi, pendant la journée, vous pourrez prendre part à des ateliers de bricolage (papier mâché, cartes de vœux, calligraphie, etc.) et explorer différentes formes d'artisanat. Un petit creux ? Vous pourrez manger un bon repas ou boire un délicieux café, tout en jouant à des jeux de société. Envie de vous amuser ? Participez au concours de créations en Lego ou au bingo musical : l'ambiance est franchement électrisante. Envie de danser ? Les vendredis et samedis soir, l'endroit se transforme en discothèque ! Vous pourrez troquer votre café pour un cocktail au nom évocateur, comme le « Naked & Famous ». Impossible de s'ennuyer ici.
[9 Caledonian Rd]
⊖ **KING'S CROSS**

Tout le monde danse !

68 L'école de danse contemporaine **The Place, London Contemporary Dance School** forme des danseurs qui participeront à des productions locales et internationales. C'est un centre de création et de performances très réputé où il est possible d'assister à d'impressionnants spectacles. En tant que voyageur, vous pouvez même profiter de l'expertise des professeurs qui y enseignent, en participant spontanément au cours de votre choix. Vous pourriez, par exemple, découvrir le ballet contemporain, l'improvisation ou l'art d'élaborer des chorégraphies. Il suffit d'entrer, de vous inscrire et de danser !
[17 Duke's Rd]
⊖ **EUSTON**

Du courrier livré par train

69 Saviez-vous que pendant près de 75 ans, la poste londonienne a utilisé son propre réseau ferroviaire pour distribuer le courrier à travers la ville? Construit à 21 mètres sous les rues de la capitale, le **Mail Rail**, ce chemin de fer souterrain comportant huit stations, a été opérationnel dès 1928. Une petite locomotive s'engageait sur les rails en tirant plusieurs wagons remplis de missives et de colis. Le trajet de 10 kilomètres reliait d'importants bureaux de tri à travers la ville, où le petit train s'arrêtait pour que les employés recueillent les envois destinés à leur quartier. Ce concept a rendu possible la lourde tâche de la distribution quotidienne du courrier en évitant la cohue des rues. Voici un secret bien gardé: le Mail Rail a fermé en 2003, mais vous pouvez visiter une section du tunnel en montant à bord du fameux petit train! En parcourant le circuit du **Postal Museum**, vous apprendrez toute l'histoire de cette formidable invention du siècle dernier.
[Phoenix Place]
🚇 RUSSELL SQUARE ou CHANCERY LANE

L'école de la vie

70 **The School Of Life** n'est pas une librairie comme les autres. On y propose des livres et des jeux philosophiques très design, destinés à développer votre intelligence émotionnelle et à remettre en question (avec humour et finesse) votre métier, votre conjoint ou vos regrets. L'un des jeux, *The Confessions Game*, vous invite à vous rendre plus vulnérable et à vous livrer à vos amis en répondant à des questions telles que: «Si vous aviez moins de peurs, que feriez-vous de votre vie?» Un autre jeu, *Stay or Leave?*, vous aide à voir plus clair dans votre relation amoureuse. Sur le site theschooloflife.com, Vous pourrez pousser votre curiosité encore plus loin en achetant à l'avance des billets pour des ateliers (l'un des sujets: «Comment être un meilleur perfectionniste?») ou pour des conférences (le brillant musicien Brian Eno y a partagé ses leçons de vie). Vous pouvez également y consulter un «bibliothérapiste» qui vous guidera vers des lectures axées sur vos questionnements et vos centres d'intérêt. Parmi les accessoires vendus en boutique, il y a ce sac sur lequel il est écrit *Emotional Baggage* («bagage émotionnel»). Comme quoi nous transportons tous quelque chose!
[70 Marchmont St]
🚇 RUSSELL SQUARE

Bowling, karaoké et burger

71 Pour vous dégourdir les bras, les jambes ou la voix, entrez au **Bloomsbury Bowling** et plongez dans les années 1950 et 1960! Dans ce grand lieu de divertissement, vous pourrez jouer aux quilles, chanter au karaoké et suivre des cours de swing, par exemple! Je vous garantis que vous danserez jusqu'aux petites heures : la musique en ces lieux est vraiment entraînante (rock'n'roll, rockabilly, doo-wop)! Pour reprendre des forces, je vous suggère de commander sur place un bon milk-shake et le burger «Strike» (nommé l'un des meilleurs de Londres) au typique **Ray's Pizza and Diner**. Une bonne façon de côtoyer la communauté qui s'est développée par amour de la culture rétro américaine!
[Bedford Way, sous-sol du Tavistock Hotel]
🚇 **RUSSELL SQUARE**

Londres en trois dimensions

72 Même si je suis allée à Londres une vingtaine de fois, je cherche toujours à décoder cette ville en constante évolution. Les nombreuses grues qui s'élèvent dans la ville témoignent de sa croissance continuelle. L'une des meilleures façons de comprendre son étendue et son urbanité est de contempler le **New London Model** au **New London Architecture**, une maquette qui représente tous les édifices et monuments de la capitale. Chaque rue et chaque parc y sont répertoriés. C'est un portrait global de la ville, constamment mis à jour. Cette maquette interactive lumineuse, que vous pouvez contempler gratuitement, vous informera également sur la croissance de la population de la mégapole, ainsi que sur diverses infrastructures, comme les réseaux de train et de métro. Petit défi : essayez de trouver votre hôtel sur la carte!
[26 Store St]
🚇 **GOODGE STREET**

Le toit qui abrite la beauté

73 Le **British Museum** est la fierté du quartier Bloomsbury. Fondé en 1753, il a été le tout premier musée national au monde. Il est passé de 5000 visiteurs par année, au XVIIIe siècle, à 6 millions aujourd'hui. Ses collections sont vraiment impressionnantes et rassemblent des milliers de trésors du monde entier. Parmi ses prises les plus intéressantes (et controversées), mentionnons les sublimes sculptures du Parthénon d'Athènes, que les Grecs tentent de rapatrier depuis des décennies ! Au centre du musée, vous découvrirez une immense cour intérieure qui, en l'an 2000, a été recouverte d'un spectaculaire toit fait de 3000 panneaux de verre. Cette verrière impressionnante a été conçue par Foster + Partners, ceux-là mêmes qui ont réinventé le dôme du Reichstag, à Berlin, et qui ont imaginé le fameux Gherkin, dans la City de Londres (voir raison 123). Ne manquez pas les œuvres d'art exposées à cet endroit, elles sont embellies par la lumière naturelle. Les différentes sections du musée s'ouvrent tout autour. Allez côtoyer les plus grandes beautés du monde !
[Great Russell St]
⊖ **HOLBORN, RUSSELL SQUARE** ou **TOTTENHAM COURT ROAD**

74

Une collection excentrique

74 ***Medicine Man*** est une exposition totalement inusitée et déroutante! Cette exposition permanente du musée **Wellcome Collection** rassemble des objets hétéroclites et insolites, surtout reliés à la médecine, à la science et à la religion. C'est le réputé chercheur, pharmacien, entrepreneur et globe-trotteur, Sir Henry Wellcome, qui a glané tous ces «trésors» au cours de ses voyages. À sa mort en 1936, il possédait plus d'objets que la plupart des grands musées européens. Philanthrope, il souhaitait depuis toujours rendre accessible à tous cette multitude d'objets exotiques afin d'éduquer les gens et de rendre compte des progrès accomplis dans les domaines qui l'inspiraient. Parmi les pièces maîtresses, mentionnons un magnifique temple bouddhiste miniature, portable, des prothèses de jambes, des modèles anatomiques et une lame de guillotine utilisée durant la Révolution française. Il a également poussé sa fascination des gens célèbres jusqu'à se procurer la brosse à dents de Napoléon et quelques cheveux du roi George III.
[183 Euston Rd]
⊖ **EUSTON SQUARE**

La folie des hauteurs

75 Vous apercevrez cette tour de télécommunication de partout dans la ville. La **BT Tower**, appartenant à British Telecom, fait partie du paysage depuis 1964 et a été le plus haut gratte-ciel de la ville jusqu'en 1980. Érigée dans le quartier de Fitzrovia, sa fonction première fut de faire voyager les micro-ondes du centre de Londres vers le reste de l'Angleterre. Au fil des ans (et de l'évolution des technologies), la tour a hébergé des systèmes de transmission d'informations par fibre optique et des antennes paraboliques. Chaque jour, elle rend possible la diffusion de milliers d'heures de télévision provenant de différentes chaînes. Vous serez tenté de monter tout en haut pour admirer la magnifique vue sur la ville (il y avait autrefois un restaurant tournant au 34e étage), mais malheureusement, pour des raisons de sécurité, l'accès au sommet est interdit depuis 1981, sauf pour des événements spéciaux et quelques partys de Noël. Si vous avez la chance de vous y faire inviter, sachez que le plancher tourne encore là-haut!
[Maple St]
⊖ **GREAT PORTLAND STREET**

Les petits théâtres de carton sont au musée

76 Ici, on fait un double voyage dans le temps! On retourne non seulement en enfance, mais aussi à l'époque victorienne. En effet, les jouets du **Pollock's Toy Museum** ont appartenu à des enfants qui ont vécu lors du règne de la reine Victoria. Partout dans la petite maison à étages, vous admirerez des jeux de société anciens, des chevaux à bascule, des poupées à l'allure plutôt étrange et des peluches. Ne manquez surtout pas les théâtres miniatures de carton, commandés par les théâtres londoniens comme objets promotionnels permettant aux familles de recréer leurs pièces favorites à la maison. Les enfants faisaient glisser les petits décors et imitaient les voix et les déplacements des comédiens sur la scène. Ces véritables petits bijoux ont été créés par Benjamin Pollock, autrefois artiste et imprimeur, qui a donné son nom au musée. Si vous possédez la London Pass, vous pourrez visiter gratuitement ce petit musée privé. [1 Scala St]
⊖ **GOODGE STREET**

Le bol exotique nouvelle vague

77 Le poke, un plat traditionnel hawaiien servi dans un bol et contenant du poisson cru, est très tendance à Londres. Au restaurant **Ahi Poké**, vous pouvez choisir l'un des plats au menu (je vous recommande le Heat Wave) ou élaborer vous-même votre bol. Vous choisissez d'abord la base (quinoa, riz ou kale), puis le poisson cru (thon ou saumon). Si vous êtes amateur de sushi ou de ceviche, vous serez en terrain connu. Reste à ajouter une sauce (mayonnaise épicée ou soya-sésame) et vos garnitures favorites (avocat, concombre, noix de cajou, edamames, gingembre confit, coriandre, etc.). Vous voici en possession d'un succulent bol hawaiien à déguster dans une ambiance du Pacifique... en plein centre de Londres! [3 Percy St]
⊖ **TOTTENHAM COURT ROAD** ou **GOODGE STREET**

78

La rue des *foodies* et des poètes

78 Pour sentir battre le cœur de Fitzrovia, descendez **Charlotte Street**, nommée en hommage à la reine Charlotte qui épousa le roi George III en 1761. Plusieurs bonnes tables, prisées des *foodies*, se sont établies dans cette rue. Mes adresses incontournables sont nombreuses : au n° 67, le restaurant familial **Navarro's** sert parmi les meilleurs tapas de Londres ; et le **Pescatori**, au n° 57, propose une fine cuisine italienne revisitée. À commander : la salade de crabe avec fenouil et vinaigrette à la grenade, et les tagliatelles de champignons sauvages au romarin. Miam ! Au n° 37, au superbe restaurant japonais **ROKA**, on vous concoctera, au **shochu lounge**, un cocktail avec une touche nippone. Si vous souhaitez pousser l'exploration exotique plus loin, rendez-vous au **Samarkand**, au n° 33, qui propose une cuisine de l'Ouzbékistan, pays situé sur l'ancienne Route de la soie. L'endroit est si beau, et la présentation des mets aussi, qu'en plus de vous régaler, vous aurez envie de photographier plats et décors pour vos réseaux sociaux ! Remarquez au passage l'hôtel-boutique **Charlotte Street Hotel**, au n° 15, qui fait la promotion, entre ses murs, de l'art britannique. Juste en face, au n° 16, entrez dans un des lieux qui ont marqué l'histoire du quartier : la **Fitzroy Tavern** ! Fondée dans les années 1880, cette taverne a été le quartier général de plusieurs poètes, écrivains et intellectuels, dont George Orwell, l'auteur de *1984*. Au n° 11, chez **Bibimbap**, savourez le plat coréen du même nom avec une bonne bière asiatique !

Punk you !

80

Passez faire un tour au **100 Club**, une salle de spectacle légendaire qui, dès 1942, a accueilli les plus grands du jazz, dont Glenn Miller, B. B. King et Louis Armstrong. Située au sous-sol, la salle protégeait les musiciens et les spectateurs des bombardements pendant la Seconde Guerre mondiale. Au cours des années 1960, ce sont des groupes rock tels The Who, The Kinks et The Animals qui ont fait vibrer les murs du célèbre club. L'endroit a aussi été l'un des quartiers généraux du mouvement punk londonien, et c'est ici, en 1976, qu'a eu lieu le tout premier festival de musique punk britannique mettant en vedette les Buzzcocks, The Clash et les légendaires Sex Pistols. Encore aujourd'hui, vous pouvez faire de très chouettes découvertes musicales dans cette salle mythique, ou assister à un spectacle surprise de grands artistes comme Metallica, Alice Cooper, les Rolling Stones ou Paul McCartney, qui ont foulé la scène du 100 Club ces dernières années !

[100 Oxford Street]
⊖ OXFORD CIRCUS

Les photos sortent de l'ombre

79

Getty est l'une des plus grandes agences de photographie du monde. À la **Getty Images Gallery**, l'institution propose des expositions rassemblant certaines des plus belles photos du monde, prises de 1850 à aujourd'hui. La vocation de la galerie est de rendre accessibles au grand public les trésors cachés dans les réserves de Getty Images, soit des millions de négatifs, d'imprimés et de diapositives sur lesquels on aperçoit des visages célèbres ou des paysages à couper le souffle. Sur place, vous pourrez également consulter les archives et faire imprimer les images de vos rêves pour décorer votre maison ou votre bureau.

[46 Eastcastle St]
⊖ OXFORD CIRCUS

« *Celui qui est lassé de Londres l'est de la vie, car Londres a tout ce que la vie peut offrir.* »
— Dr Samuel Johnson, auteur britannique

Manger dans une taverne chic

81 Nichée à l'intérieur du magnifique hôtel **The London Edition** (créé par le légendaire Ian Schrager, ancien co-propriétaire et co-fondateur du Studio 54, à New York, et co-créateur du concept de l'hôtel-boutique), la **Berners Tavern** a toutes les allures d'un restaurant haut de gamme. Cet élégant établissement propose une cuisine britannique contemporaine, sous la direction du chef Jason Atherton. Je vous recommande le cocktail de crevettes avec gelée de homard et avocat, suivi de la longe de chevreuil grillée avec chou rouge mariné, betteraves et moelle. Si l'assiette est toujours belle à contempler et délicieuse, ce sont les murs ornés d'encadrements antiques et les moulures du superbe (et très haut!) plafond qui vous renverseront. Pas étonnant que la Berners Tavern ait été désignée «restaurant de la décennie» à Londres! [10 Berners St]

⊖ **TOTTENHAM COURT ROAD**

Soho, Covent Garden, Holborn et Temple

Soho est le quartier le plus animé de Londres. Découvrez ses bonnes tables et sa vie nocturne. Dans Covent Garden, faites le plein de culture en assistant à des pièces de théâtre, à des comédies musicales ou à des opéras, et profitez de l'ambiance qui règne autour du fameux marché. Prenez le thé à l'anglaise dans Holborn et vivez une expérience mystique dans Temple.

MORTIMER STREET
TOTTENHAM COURT ROAD
BLOOMSBURY ST
CAVENDISH PLACE
EASTCASTLE STREET
HOLLES STREET
TOTTENHAM COURT ROAD
SOHO STREET
82
OXFORD STREET
84 HOLLEN STREET
OXFORD CIRCUS
RAMILLIES STREET
ARGYLL STREET
NOEL STREET
BERWICK STREET
103
107
83
WARDOUR STREET
91
DEAN STREET
GREEK STREET
SOHO
86
92
85 CARNABY STREET
BROADWICK STREET
PETER STREET
93
OLD COMPTON STREET
CHARING CROSS ROAD
MONMOUTH STREET
KINGLY STREET
87
101
NEW BOND STREET
CONDUIT STREET
REGENT STREET
BEAK STREET
GREAT WINDMILL STREET
89 90
88
WARWICK STREET
SHAFTESBURY AVENUE
LEICESTER SQUARE
BREWER STREET
96 97
98
CRANBOURN STREET
ST MARTIN'S LANE
DENMAN STREET
RUPERT STREET
WHITCOMB STREET
LEICESTER STREET
AIR STREET
94 95
PICCADILLY CIRCUS
REGENT STREET
HAYMARKET
PICCADILLY
102
CHARLES II STREET
CHARING CROSS
GREEN PARK
ST JAMES'S STREET
KING STREET
PALL MALL
WHITEHALL

● Voir + photographier
● Boire + manger
● Shopping + brocante
● Arts + culture
● Activités + promenades

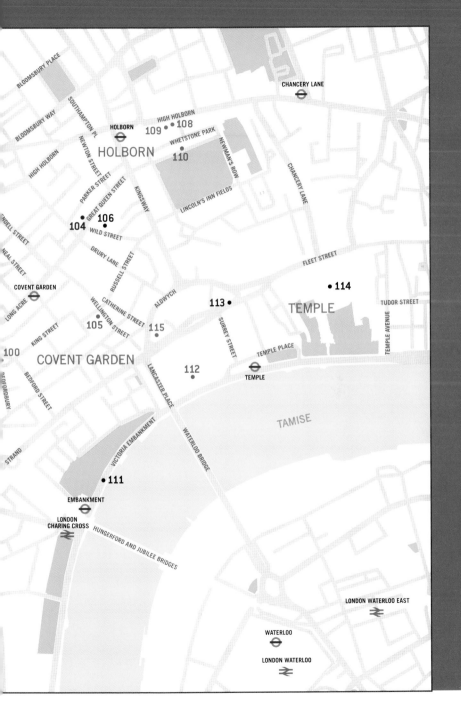

Magasiner dans une rue historique

82 Entrez dans Soho par la légendaire **Oxford Street**, la rue commerçante la plus fréquentée d'Europe avec ses 500 000 visiteurs par jour. Vous pourrez y satisfaire vos envies de magasinage, car elle rassemble plus de 300 boutiques de grandes marques (Gap, Topshop, H & M, etc.), ce qui en fait l'une des destinations shopping les plus importantes de Londres. Si elle est devenue une rue commerçante vers la fin du XIXᵉ siècle, Oxford Street a déjà eu d'autres vocations beaucoup plus inusitées. Par exemple, elle faisait autrefois partie de la route romaine (*via Trinobantina*) qui traversait le sud de l'Angleterre d'est en ouest. Au XVIIIᵉ siècle, c'est ici que les détenus de la prison de Newgate marchaient vers la potence pour y être pendus. Tout au long du chemin, ils se faisaient insulter par les spectateurs massés aux abords de celle qui s'appelait alors Tyburn Road. L'ambiance est franchement plus joyeuse aujourd'hui !

⊖ **OXFORD CIRCUS** ou **TOTTENHAM COURT ROAD**

Le temple de la photographie

83 Ma passion pour la photographie me fait inévitablement craquer pour la **Photographers' Gallery**, la plus grande galerie de photographie de Londres. Ici, on représente à la fois le travail des nouveaux photographes et des chevronnés. Lorsque vous passerez la porte, vous aurez littéralement le sentiment d'entrer dans un temple. Tout est consacré à ma forme d'art préférée : expositions, conférences, ateliers et librairie. Si vous partagez mon intérêt, allez y admirer le travail des plus grands ! [16-18 Ramillies St]

⊖ **OXFORD CIRCUS**

Un sondage mené en 2008 auprès de 3000 personnes a révélé que 58 % des Anglais croient que Sherlock Holmes a bel et bien existé, alors que 23 % sont convaincus que Winston Churchill fut un personnage de fiction...

Pour l'amour du matcha

84 Je suis une grande buveuse de thé vert et quand je souhaite m'offrir une dose ultra-corsée, je bois un matcha! Ce thé en poudre conserve tous les nutriments et les propriétés de la feuille. En fait, le matcha contient 137 fois plus d'antioxydants que le thé vert infusé. Si vous êtes un amateur, vous serez donc ravi de découvrir la chaîne de salons de thé **Yumchaa**, où l'on propose du matcha sur la vaste carte. Les employés se plient même au petit cérémonial de la préparation. Vous pouvez le déguster calmement dans la magnifique maison ancienne qui abrite la succursale de Soho, et cela vous apportera toute l'énergie nécessaire pour poursuivre votre balade dans la ville!
[45 Berwick St]
⊖ OXFORD CIRCUS

L'avenue électrisante

85 **Carnaby Street** est une rue mythique du *Swinging London*! C'est ici que les accros des nouvelles tendances faisaient le plein de vêtements pendant les *Swinging Sixties*. Cette jolie rue piétonnière rassemble maintenant des boutiques de grandes marques, comme Diesel, Replay, Nike, etc. De jour comme de soir, une promenade permet de prendre le pouls de l'ambiance électrique qui règne à Soho. Faites un crochet par **Kingly Court** [6-8 Kingly St], une cour intérieure remplie de tables et entourée de deux étages de restaurants où l'on mange italien, péruvien, japonais, etc. C'est un endroit parfait pour socialiser et un point de rendez-vous très dynamique et prisé au cœur d'un quartier qui prend des allures de fête tous les soirs!
⊖ OXFORD CIRCUS

Le grand magasin à la façade de bois

86 La devanture de **Liberty & Co** me fascine à tout coup. Je me sens toujours dans un conte pour enfants quand je la contemple, particulièrement devant les vitrines décorées du temps des fêtes. Cette fascinante façade a été construite et enjolivée avec le bois provenant de deux anciens navires de la Royal Navy, le *HMS Impregnable* et le *HMS Hindostan*. On a reproduit le style Tudor, revenu en vogue au début du XXᵉ siècle. L'utilisation de ce bois est aussi une façon de conserver la mémoire de ces grands bateaux qui ont navigué et combattu sur les mers, et elle est symbolique, puisque la vocation première de Liberty & Co était de vendre des porcelaines, des œuvres d'art et des tissus provenant des pays de l'Empire britannique. Encore aujourd'hui, cette adresse reste l'une des plus prestigieuses pour le shopping à Londres. Son fondateur, le marchand de tissus Arthur Lasenby Liberty, est le créateur d'un tissu de coton délicat, aux motifs floraux subtils.

La marque Liberty est encore populaire de nos jours, et vous y trouverez bien sûr des chemises portant ce célèbre motif.
[214-220 Regent St]
⊖ **OXFORD CIRCUS**

86

Prendre un verre dans un abri anti-bombes

87 Un de mes plus grands coups de cœur est le bar-restaurant **Cahoots**. À l'entrée de cet établissement inusité, où l'on a reconstitué une station de métro, un chef de gare vous attend et vous dirige vers un long escalier mécanique en bois qui vous mène dans un authentique abri qui protégeait les Londoniens des bombardements pendant la Seconde Guerre mondiale. Dans une ambiance des années 1940, vous prendrez place au bar ou dans un ancien wagon de métro qu'on a transporté là. Musique, décor, costumes des employés, tout est là pour vous donner l'impression que vous mangez dans un bar clandestin de l'époque. Même les clients se donnent des airs rétro avec leurs robes, habits et costumes d'autrefois. Le menu est imprimé sous forme de journal, avec des titres qui font état de la fin de la guerre, et les cocktails rappellent l'esprit joyeux de la victoire avec des noms comme « Swing For Victory » ou « Give Peas A Chance » !
[Kingly Court]
⊖ OXFORD CIRCUS ou PICCADILLY CIRCUS

Une radio-web ouverte à tous

88 Au cœur du quartier, **Soho Radio** témoigne de la vie culturelle qui s'y déroule. Dans ces studios, qui abritent également un café et une boutique, vous pouvez assister, sans réservation, à la mise en ondes des émissions. Lors de votre passage, vous aurez peut-être l'occasion d'écouter une entrevue avec un chef tendance ou un réalisateur de cinéma, ou d'assister à la prestation musicale d'un des nombreux artistes londoniens qui passent par là !
[22c Great Windmill St]
⊖ PICCADILLY CIRCUS

89 90

Des bons biskies!

89 Je n'en croyais pas mes yeux lorsque je suis entrée ici pour la première fois : cet endroit est un petit paradis de la boulangerie ! Laissez-vous aller à la gourmandise sans trop de remords, puisque les deux boulangères de **Cutter & Squidge** font l'effort de ne pas utiliser trop de sucre ou de gras dans leurs créations. Elles se démarquent par leurs gâteaux si magnifiques qu'on a envie de les immortaliser en photo avant de les dévorer. Leur grande spécialité, toutefois, c'est le biskie : un sandwich constitué de deux biscuits-gâteaux faits maison qui renferment de la crème au beurre, des fruits frais, du chocolat ou un décadent caramel à la fleur de sel, mon préféré. En plus d'être délicieux, les biskies sont beaux comme des petits bijoux ! Il faut à tout prix les essayer !

[20 Brewer St]

⊖ PICCADILLY CIRCUS

Dites *ciao*! à Lina

90 Si vous avez un faible pour les mets italiens, vous serez servi au **Lina Stores**. Achetez des antipasti, des sandwichs ou des charcuteries pour aller pique-niquer au Golden Square ou au Leicester Square Garden, tout près. Mais, par-dessus tout, il est vraiment agréable de manger sur place en s'imaginant le Soho d'autrefois. C'est que cette épicerie fine a ouvert ses portes dans les années 1940, à l'époque où le quartier avait une tout autre allure. Peu de commerces des environs peuvent se vanter d'avoir gardé leurs portes ouvertes pendant plus de 75 ans. Entrez vous offrir un excellent cannoli !

[18 Brewer St]

⊖ PICCADILLY CIRCUS

La crème des crèmes glacées

91 La crème glacée santé suprême existe, je l'ai trouvée ! Celle de **Yorica !** faite principalement de lait de coco, est succulente. À partir de cette base, on y a élaboré des parfums délicieux en ajoutant du chocolat, des fruits ou de la vanille. Une fois votre parfum choisi, garnissez votre glace de copeaux de cacao, de dattes ou de fruits frais. Si vous souffrez d'allergies ou d'intolérance alimentaire, sachez que tous les ingrédients sont sans blé ni gluten (cornets), sans noix, sans produits laitiers ni lactose. Il n'y aucune raison de résister !
[130 Wardour St]
⊖ TOTTENHAM COURT ROAD

Une caverne d'Ali Baba pour les fous de BD

92 Lieu incontournable pour les amoureux de la bande dessinée (j'en suis), la librairie **Gosh !** est dirigée par des employés ultra-passionnés par le « neuvième art ». On vous y proposera des œuvres européennes ou asiatiques, des histoires classiques de superhéros, des éditions rétro de livres pour enfants, ou même des œuvres maison au tirage limité ! Parce que leur amour pour la BD leur a donné envie, à eux aussi, de faire des petits et de lancer leurs propres livres !
[1 Berwick St]
⊖ PICCADILLY CIRCUS

La grande épicerie japonaise

94 Le monde entier est à Londres. Presque toutes les nations y sont représentées, dont le Japon, l'un de mes pays préférés. Les japonophiles parmi vous jubileront en mettant les pieds dans l'immense **Japan Center**. Vous pourrez y flâner pour contempler la belle vaisselle, les objets de décoration et les magazines japonais. Vous pourrez aussi y manger des sushis ou une boîte bento. Les tablettes, dans les allées de la section épicerie, sont remplies de tous les produits japonais que vous pouvez imaginer ! Des centaines de marques de sakés, de thés, de sauces, de riz, de bonbons multicolores. Si, tout comme moi, vous aimez l'imagerie japonaise, vous en aurez plein la vue et aurez l'impression de voyager au pays du Soleil-Levant pendant quelques instants !

[19 Shaftesbury Ave]

⊖ PICCADILLY CIRCUS

Une boule disco dans une ancienne boucherie

93 Avant même d'être séduite par la nourriture qu'on y sert, j'ai été conquise par l'allure du restaurant **Randall & Aubin** ! Au moment de son ouverture, en 1908, ce local abritait la première boucherie française de Londres. Le décor d'origine a été conservé et on y a ajouté des tables hautes et une boule disco pour créer toute une ambiance. En plus d'y déguster d'excellents fruits de mer, c'est un endroit génial pour socialiser dans une superbe atmosphère de fête. Je pourrais vous conseiller leurs huîtres ou le crabe, mais mon coup de cœur va à la savoureuse salade niçoise sur laquelle on dépose un filet de thon.

[14-16 Brewer St]

⊖ PICCADILLY CIRCUS

Le Times Square Londonien

95 Avec ses enseignes lumineuses géantes et sa circulation piétonne et automobile très dense, on a le sentiment que **Piccadilly Circus** est le Times Square de Londres ! À la fois point de repère pour les résidents et attraction pour les voyageurs, ce carrefour névralgique est le nombril de la ville. C'est d'ailleurs là où je me suis immédiatement dirigée lors de mon premier séjour à Londres, en 1995. Depuis, j'y retourne chaque fois pour observer l'évolution des lieux. Au fil des ans, les annonceurs s'adaptent aux nouvelles technologies pour afficher en grand leurs produits sur les immeubles. Mais en plus d'admirer l'affichage étourdissant, vous pourrez peut-être assister à des événements artistiques, comme des projections de courts métrages. Yoko Ono, la veuve de John Lennon, a déjà payé 150 000 livres anglaises (l'équivalent de 225 000 dollars américains à l'époque) pour faire diffuser sur un écran une phrase de la célèbre chanson *Imagine* composée par son mari. Piccadilly Circus est fascinant à voir le jour et spectaculaire à vivre le soir, avec toutes ses lumières et son énergie !

↪ **PICCADILLY CIRCUS**

La cuisine de Jérusalem

96 Le **Palomar**, considéré comme l'un des meilleurs restaurants de Londres, propose une cuisine de la Jérusalem contemporaine, inspirée du sud de l'Espagne, de l'Afrique du Nord et du Levant. Vous pouvez vous attabler dans la grande salle à manger, mais, pour vivre une expérience enlevante, asseyez-vous plutôt au comptoir de la cuisine où vous verrez le chef en action, s'amusant avec sa brigade et travaillant au rythme de la musique, dans la bonne humeur. Les serveurs vous offriront sûrement un petit shooter et vous raconteront de savoureuses anecdotes ! Je vous suggère le Shakshukit, un kebab « déconstruit » d'agneau et de bœuf, servi avec yogourt, sauce tahini, citron mariné et harissa. Cela dit, honnêtement, tous les plats sont succulents et originaux.
[34 Rupert St]
⊖ PICCADILLY CIRCUS

Un saut dans le quartier chinois anglais

97 Pendant que vous êtes dans le coin, promenez-vous dans le **Chinatown** londonien qui regroupe quelques rues autour de Gerrard Street. Relativement récent, ce secteur s'est développé dans les années 1970. Autrefois, les Londoniens d'origine chinoise vivaient plutôt dans l'est de la ville, près des quais. On y retrouve les habituels restaurants de cuisine asiatique authentique, des herboristeries, des boutiques de souvenirs, des épiceries et des spécialistes de médecine traditionnelle chinoise. Achetez une petite gâterie à la **Chinatown Bakery** (A) [7 Newport Pl] où l'on fabrique à la machine, derrière la fenêtre, de petites pâtisseries japonaises appelées *taiyaki*. Absolument savoureuses ! Avant de quitter le quartier, prenez un verre à l'**Experimental Cocktail Club** [13a Gerrard St], un bar à cocktails secret et vraiment original. Il est préférable de réserver, mais on accepte aussi les gens qui s'y présentent à l'improviste. Encore faut-il réussir à trouver la porte noire, très discrète (attention, le nom du bar n'est pas affiché à l'extérieur !). Une fois confortablement assis, essayez le « Spring On » fait de gin, de violette, de jus de citron, d'un sirop de cacao, framboise et fleur de sureau, avec une petite touche de lavande. Pas chinois du tout, mais délicieux !
⊖ LEICESTER SQUARE

97

La caserne chinoise

98 À première vue, cette caserne de pompiers semble tout à fait normale avec ses camions bien garés. Entrez-y donc... Vous serez étonné de voir d'immenses têtes de lion multicolores, des lanternes et de longs dragons accrochés aux murs ! C'est que la **Soho Fire Station**, située aux abords du quartier chinois de Londres, permet à la communauté de ranger ici les décorations et accessoires utilisés lors des célébrations du Nouvel An chinois. Ce mélange des genres donne un aspect complètement inusité aux lieux, ce qui est tout à fait dans le ton du quartier ! Les pompiers sont très accueillants, n'hésitez pas à entrer les saluer.

[126 Shaftesbury Ave]
⊖ LEICESTER SQUARE

L'autobus iconique

99 Il fait partie des symboles les plus importants de la capitale (tout comme les cabines téléphoniques rouges et les taxis noirs), et vous le verrez partout en ville. Bien que le **double-decker** ait été inventé à Paris à la fin du XIXe siècle, ce modèle roule dans les rues de Londres depuis 1910 et est totalement indissociable de la capitale anglaise. Il y a deux façons de vivre l'expérience de l'autobus à étage : monter à bord d'un modèle à impériale découverte, qui sillonne la ville en transportant les touristes sur des circuits préétablis, ou faire comme les Londoniens et utiliser le modèle officiel, à impériale couverte, pour vous promener selon vos envies. Les bus sont omniprésents et vous emmèneront aux quatre coins de la ville. Montez à l'étage et asseyez-vous sur le premier siège, à l'avant : vous aurez ainsi la meilleure vue sur les façades des magnifiques immeubles et vous verrez loin, au-dessus du trafic !

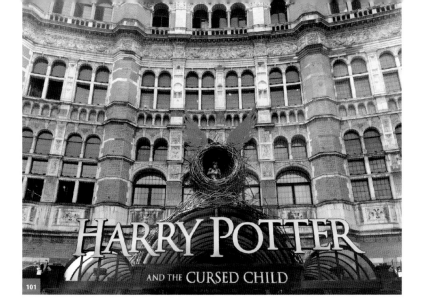

La crème glacée en fleurs

100

Pour un petit rafraîchissement, faites une halte chez **Amorino**. Cette *gelateria* artisanale propose une trentaine de parfums et façonne les glaces en forme de fleurs sur les cornets! L'artiste derrière le comptoir appose à la spatule, un à un, les pétales qui formeront finalement une magnifique rose de crème glacée. C'est tellement joli que vous hésiterez avant d'y goûter!
[7 Garrick St]
⊖ LEICESTER SQUARE

Harry Potter sur scène

101

Si vous souhaitez assister à des comédies musicales ou à des pièces de théâtre, Covent Garden est la destination par excellence! Plusieurs spectacles musicaux renommés y restent à l'affiche pendant plusieurs années, dont *Mamma Mia*, *Dreamgirls*, *The Lion King*, *Kinky Boots*, etc. Le Royal Opera House [Bow St] présente de l'art lyrique depuis 1732. Ce quartier est aussi le haut lieu du théâtre depuis plusieurs siècles. Des pièces de Shakespeare, Beckett (*En attendant Godot*) et Agatha Christie (*The Mousetrap*) y sont continuellement à l'affiche. Au **Palace Theater** [113 Shaftesbury Ave], c'est maintenant au tour de Harry Potter de monter sur scène. La romancière J. K. Rowling a écrit sa nouvelle histoire, *Harry Potter and the Cursed Child*, spécialement pour le théâtre. On y retrouve un Harry Potter adulte, marié et père de trois enfants, qui dirige le ministère de la Magie et doit continuellement affronter les fantômes de son passé.
⊖ LEICESTER SQUARE ou
TOTTENHAM COURT ROAD

Le square le plus célèbre

102

Toutes les routes mènent à **Trafalgar Square** ! J'ai toujours eu le sentiment que c'est littéralement le centre de Londres. Ce carrefour est tellement central que vous le traverserez assurément plusieurs fois lors de votre séjour. Au cœur de la place se dresse l'imposante colonne de l'amiral Nelson qui perdit la vie en remportant la bataille navale de Trafalgar. Du côté nord, l'immense **National Gallery**, musée qui possède une des plus impressionnantes collections de peintures au monde, présente des œuvres de Van Gogh, Klimt, Léonard de Vinci, Cézanne, Monet, Michel-Ange, etc. Tout près de là, visitez aussi la **National Portrait Gallery** [St. Martin's Pl] qui présente (eh oui !) des portraits de personnages célèbres sous forme de peintures, dessins ou photographies. Depuis toujours, Trafalgar Square est le lieu des grandes manifestations sociales. C'est ici que les citoyens se rassemblent pour exprimer leurs désaccords envers leurs élus. Avant de quitter les lieux, découvrez le plus petit poste de police d'Angleterre, une jolie guérite, au sud-est du square. On l'avait justement installé à cet endroit pour faciliter la surveillance des manifestations.
⊖ **CHARING CROSS** ou **LEICESTER SQUARE**

Une mode sans conditions !

103

J'aime m'habiller ici ! La boutique **Unconditional** propose des vêtements urbains à la fois très confortables et originaux. Les coupes épurées, souvent asymétriques, sont signées par le designer Philip Stephens qui aime dessiner des vêtements enveloppants (ils ont souvent un capuchon) afin que le citadin ou le voyageur se sente comme dans un cocon. Vous remarquerez que ses créations ont souvent un style androgyne. D'ailleurs, dans cette boutique, les femmes fouillent du côté des hommes et vice-versa. Parmi les célébrités qui ont porté du Unconditional, mentionnons Madonna, Brad Pitt, Jude Law et David Bowie... Pourquoi pas vous ? Faites vos choix sur place ou sur la boutique en ligne, à cette adresse : unconditional.uk.com.
[16 Monmouth St]
⊖ **COVENT GARDEN**

Cheers, Mate !

*Les Londoniens vous appelleront facilement « mate » (l'ami) !
Cette familiarité, courante, est une façon d'interagir de façon
chaleureuse et d'établir une complicité. Dans les pubs, au
moment de trinquer, on vous dira : « Cheers, mate ! »*

Une tête à chapeaux !

104 **Stephen Jones** est l'un des chapeliers les plus audacieux et les plus importants du dernier siècle. Il a collaboré avec les plus grandes maisons de mode, dont Balenciaga, Montana, Vivienne Westwood, Jean Paul Gaultier et Dior. Ses superbes créations apparaissent en page couverture des magazines les plus prestigieux et sur les podiums des grands défilés. Il a consacré sa vie à la confection de chapeaux et de serre-têtes fabuleux (qu'on appelle ici *fascinators*).

« Au départ, dit-il, je souhaitais simplement que mes amis et moi ayons fière allure quand nous allions en boîte, alors je nous fabriquais des chapeaux. Il y avait une saine rivalité entre les clients du bar Blitz de Covent Garden, à la fin des années 1970. Nous souhaitions tous nous distinguer. »

Parmi ses premiers clients, dès le début des années 1980, il y avait la princesse Diana et un certain Boy George, qui ne manquait certainement pas d'audace et d'originalité au lancement de sa carrière avec Culture Club. D'ailleurs, Stephen Jones, qui était autrefois le colocataire du chanteur, a fait une apparition dans le premier vidéoclip du groupe, sur la chanson *Do You Really Want To Hurt Me*. On l'aperçoit, assis à une table de cabaret, un petit chapeau sur la tête.

Le rayonnement de la famille royale et les tenues extravagantes portées lors des courses de chevaux ont certainement contribué à faire de l'Angleterre le royaume du chapeau. « Il y a une relation si naturelle entre les Londoniens et les chapeaux ! s'exclame le chapelier. On en porte ici depuis des siècles, parfois par conservatisme, parfois par exubérance. » L'influence des stars de la musique auprès du public est également inestimable, selon Stephen. Et il en a décoré, des têtes célèbres, au cours des dernières décennies ! De Mick Jagger à Rihanna, en passant par Beyoncé, Lady Gaga, Madonna et Björk. « C'est un mode d'expression fabuleux, un accessoire parfait pour ceux qui souhaitent avoir une allure plus élégante ou excentrique, mais aussi pour attirer l'attention ! C'est le point sur le *i* de toute tenue vestimentaire », affirme Stephen. Pour lui, TOUT peut servir à concevoir un chapeau ! À preuve, les éléments qu'il a déjà intégrés dans ses œuvres : une palette de peintre, des animaux empaillés, de la glace carbonique (glace sèche), des chaussures, etc. Pour l'ancien punk, rien n'est trop audacieux ! C'est aussi ce qu'il apprécie de Londres : cette liberté de faire et d'être ce que l'on veut.

Bien que Stephen Jones voyage partout dans le monde pour le travail et qu'il passe la moitié de l'année à Paris, auprès des grands couturiers, chaque retour à Londres est une réjouissance : « J'ai envie d'embrasser le sol chaque fois que je

rentre à la maison! Cette ville m'inspire encore énormément. J'aime l'harmonie qui règne entre les gens de différentes sphères, comme les aristocrates et les punks. Malgré leurs grandes différences, on sent qu'ils se respectent mutuellement. Ils ne se jugent pas, se laissent vivre. Je crois que c'est un bel exemple de l'ouverture qui caractérise la vie londonienne. Nous célébrons vraiment notre diversité!»

Aujourd'hui, le grand créateur savoure son succès et sa renommée. Ses chapeaux se vendent partout dans le monde et sa boutique, **Stephen Jones Millinery**, est située dans l'un des plus beaux quartiers de Londres, le prestigieux Covent Garden. Il arrive toutefois à garder les pieds sur terre, puisqu'il se souvient du jeune étudiant qu'il était jadis, flânant dans les environs avec ses amis : «Nous allions dans un bar, tout près d'ici, à l'heure du lunch, raconte-t-il. Nous n'avions pas un sou, alors nous commandions simplement un verre d'eau, mais prenions la pose au bar pour bien nous faire voir avant de retourner en classe.» Depuis, il n'a jamais cessé de se faire remarquer!
[36 Great Queen St]
⊖ **HOLBORN** ou **COVENT GARDEN**

James Bond entre au musée!

105 Dans ce musée qui prend des allures de garage secret, vous aurez la chance de contempler des bateaux, des motoneiges, des avions et des hélicoptères qui vous rappelleront beaucoup de souvenirs! Les véhicules authentiques, ayant servi aux poursuites ou aux spectaculaires fuites de James Bond au grand écran, se trouvent ici, au **London Film Museum**, dans le cadre de l'expo *Bond in Motion*. Vous y verrez la fameuse Aston Martin DB5 criblée de balles, du film *Quantum of Solace*; la spectaculaire Lotus Esprit S1 submersible de *The Spy Who Loved Me*; la sublime Rolls-Royce Phantom III de *Goldfinger*, etc. Si vous prenez l'audioguide, vous entendrez la voix du cascadeur qui a conduit la plupart de ces véhicules dans les aventures rocambolesques de l'agent 007. Il est bon de savoir qu'il a survécu à toutes ces acrobaties!
[45 Wellington St]
⊖ **COVENT GARDEN**

Visiter les francs-maçons

106 Le **Freemasons' Hall** est un magnifique immeuble qui sert de quartier général aux francs-maçons anglais. Bien que l'idéologie de la franc-maçonnerie remonte à plusieurs siècles, cette société secrète a officiellement été fondée à Londres en 1717 et compte aujourd'hui plus de six millions de membres à travers le monde, dont 330 000 en Angleterre. Tant de mystère entoure cette organisation... Les francs-maçons ont toujours fasciné les gens avec leurs assemblées, leurs codes et leurs secrets sous serment. Ils ouvrent maintenant leurs portes au public. Chaque jour, des visites guidées nous permettent d'entrer dans cet édifice intrigant. Partout, sur les planchers et les murs, vous verrez des symboles de la franc-maçonnerie : le compas, le maillet,

l'œil de la Providence, la lettre *G* qui représente à la fois Dieu (*God*) et la géométrie, etc. Le point culminant de la visite est le grand temple, lieu de réunion de la United Grand Lodge of England (Grande Loge unie d'Angleterre), la plus haute instance de cette organisation. Vous admirerez les immenses portes de bronze, les somptueux fauteuils d'apparat et les magnifiques plafonds peints. Cette salle grandiose est maintenant louée pour des concerts, fêtes et défilés de mode. Terminez votre visite en entrant dans le joli musée où sont exposés des objets qui relatent les 300 ans d'histoire des francs-maçons d'Angleterre. Les pièces de résistance : le tablier et le porte-documents de l'ancien premier ministre Winston Churchill, qui a été franc-maçon de 1901 jusqu'à sa mort en 1965.
[60 Great Queen St]
⊖ **HOLBORN**

Des découvertes culinaires dans une cour psychédélique

107 C'est LE secret bien gardé de Covent Garden ! On peut passer souvent à côté de **Neal's Yard** (A) sans remarquer cette petite place bien cachée au centre du secteur appelé Seven Dials. Lorsqu'on la découvre en empruntant une ruelle (à partir de Monmouth St ou de Shorts Gardens), c'est l'éblouissement total. Ici, les façades psychédéliques sont multicolores, comme dans les années 1960. Au centre, des gens s'assoient pour discuter et manger sur le pouce. Tout autour de cette cour intérieure, vous trouverez des commerces charmants et de nombreux restaurants. Il y a, entre autres, le **Wild Food Café** [nº 14] où l'on sert d'excellents repas santé, et le fameux **The Barbary** [nº 16] qui propose une cuisine berbère empruntant aux traditions culinaires du Maroc, de l'Algérie, de la Tunisie, de la Lybie, de l'Égypte et même d'Israël. Commandez un succulent agneau cuit dans un four d'argile, comme le veut la tradition. Du côté de chez **Native** [nº 3], on propose une gastronomie locale qui évolue au gré des saisons. Le gibier et les légumes proviennent des terres anglaises. Je vous conseille le kebab de pigeon des bois sur un lit de houmous de betteraves, ou le chevreuil au boudin noir servi avec des frites de panais. C'est délicieux ! Prenez place au comptoir pour observer le chef préparer les assiettes. Il en fait de jolis tableaux !

[Seven Dials]

⊖ **COVENT GARDEN**

108

Prendre le thé à l'anglaise

108 L'*afternoon tea* à Londres est un incontournable ! Cette belle tradition anglaise a été popularisée par Lady Anna Maria Russell, épouse du 7e duc de Bedford, au XIXe siècle. Affamée l'aprèsmidi, Lady Russell était incapable d'attendre jusqu'au repas de huit heures du soir. Elle a ainsi commencé à se faire servir, dans son boudoir, le thé accompagné de petits sandwichs et de scones. Puis, elle a invité des amies à se joindre à elle, et cette activité sociale s'est rapidement répandue dans la bourgeoisie. Vous pouvez vivre l'*afternoon tea* au magnifique hôtel **Rosewood**, dans la somptueuse salle des miroirs. Cette expérience raffinée vous connectera directement à la tradition anglaise. La carte de l'établissement propose des thés des quatre coins du monde, et les pâtisseries sont de véritables petits bijoux !

[252 High Holborn]

⊖ **HOLBORN**

107 A

Un bar décoré par un grand artiste

109 Je suis une grande fan du film musical *The Wall* inspiré de l'album du même nom, lancé par le groupe Pink Floyd en 1979. Ce qui me fascine dans la version cinématographique, parue en 1982, c'est l'utilisation grandiose des dessins animés de l'artiste londonien Gerald Scarfe. Justement, toujours à l'hôtel Rosewood, le **Scarfes Bar** porte le nom du célèbre dessinateur. Celui-ci s'en est donné à cœur joie en affichant sur les murs de l'établissement des illustrations réalisées dans son style bien personnel. Vous y verrez dépeints les visages bien connus des Beatles, des Rolling Stones et de la famille royale. La majorité des dessins sont là en permanence, mais Gerald Scarfe, caricaturiste de carrière (il publie des dessins satiriques dans le *Sunday Times* depuis 1967), aime ajouter, à tout moment, des œuvres qui lui permettent de commenter l'actualité politique. Au Scarfes, vous pourrez boire un cocktail, savourer une cuisine d'inspiration indienne et contempler les œuvres d'un des plus audacieux dessinateurs anglais.
[252 High Holborn]
⊖ HOLBORN

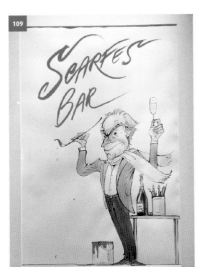

Un chaos de grande valeur

110 Ici, le terme « collection personnelle » prend tout son sens ! Le magnifique **Sir John Soane's Museum** est installé à l'intérieur de l'ancienne résidence d'un architecte réputé du XIXe siècle, John Soane. Sa collection a pris tellement d'ampleur avec les années qu'il a dû agrandir sa maison à plusieurs reprises et acheter les immeubles voisins pour la contenir. Les œuvres recouvrent les murs de cette maison-musée, du plancher au plafond, dans un impressionnant chaos ! Vous y admirerez des chefs-d'œuvre, dont le sublime sarcophage du pharaon Séthi Ier et les bronzes romains de Pompéi. Si vous souhaitez revoir les collections d'une façon plus ordonnée après votre visite, sachez que le site Web répertorie toutes les œuvres du musée. Vous pourrez même créer votre propre collection virtuelle en choisissant vos pièces préférées parmi les milliers d'œuvres (bustes, vases, statues, bas-reliefs, etc.).
[13 Lincoln's Inn Fields]
⊖ HOLBORN

111 112

L'obélisque de Cléopâtre

111 Vous ne rêvez pas, c'est bien un obélisque égyptien, vieux de près de 3500 ans, qui se dresse au bord de la Tamise! Ce splendide monument a été offert à la Grande-Bretagne par le vice-roi d'Égypte, au XIXe siècle. Il a été transporté par bateau, d'Alexandrie jusqu'ici, en 1878. Fait inusité : on a enfermé dans le socle de l'**Aiguille de Cléopâtre** une capsule temporelle qui contient des photos de jolies femmes anglaises de l'époque, des jouets d'enfants, des journaux, des pièces de monnaie, une carte de Londres, un portrait de la reine Victoria et bien d'autres choses. Ainsi, si on ramène un jour ce trésor à la lumière, on saura à quoi ressemblait la vie londonienne en 1878 ! [Victoria Embankment]
⊖ **EMBANKMENT**

Le vieux musée du futur

112 **Somerset House** est une galerie d'art aussi gigantesque qu'audacieuse. C'est le genre d'endroit où on a envie de retourner souvent, tellement il s'y passe de choses ! On y présente des expositions d'artistes contemporains, mais aussi des manifestions artistiques à ciel ouvert, dans la splendide cour intérieure de cet ancien palais. On peut aussi y patiner en hiver, assister à des spectacles de groupes rock en été ou à des projections de films en plein air. Ce bâtiment historique, qui a autrefois hébergé plusieurs membres de la noblesse et de la royauté, a été vu maintes fois au cinéma, notamment dans deux opus de James Bond, *Tomorrow Never Dies* et *GoldenEye*, ainsi que dans *Sleepy Hollow* de Tim Burton. Même si son histoire est vaste, Somerset House est vraiment un lieu culturel du futur ! [The Strand]
⊖ **TEMPLE**

La station de métro abandonnée

113 Dans The Strand, à l'angle de Surrey Street, vous remarquerez la façade d'une station de métro abandonnée. C'est l'ancienne **Strand Station**, fermée en 1994, qui possède une histoire fascinante. Dans ses entrailles, des centaines de familles exténuées se sont cachées pendant les bombardements de la Seconde Guerre mondiale (à cette époque, la station s'est appelée Aldwych). Les gens dormaient sur les quais et même sur les rails. On y a aussi caché des trésors du British Museum, dont les précieux marbres du Parthénon, pour les protéger des bombes allemandes. Vous avez vu des images de son tunnel dans plusieurs films, dont *An American Werewolf in London*, *Superman IV*, *Patriot Games*, *V for Vendetta*, etc. C'est ici que la formation Prodigy a filmé le clip de la chanson *Firestarter* en 1996, et le groupe Jamiroquai a fait de même pour son vidéoclip *Automaton* (2017). Au début de chaque mois, on peut prendre part à une visite guidée de la station fantôme et marcher dans le tunnel. Il faut porter des chaussures robustes pour déambuler en ces lieux et descendre des centaines de marches pour atteindre le tunnel, étant donné que les ascenseurs ne fonctionnent plus. Mais l'exploration est sensationnelle! [171 Strand]
⊖ **TEMPLE**

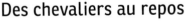

L'hôtel à la terrasse spectaculaire

115 Un des grands plaisirs de Londres est de profiter des bars et restaurants sur les toits. Empruntez l'ascenseur express qui vous mènera directement au sommet du **ME London Hotel** de Covent Garden, plus précisément au **Radio Rooftop Bar**. Perchée au 10ᵉ étage, la superbe terrasse offre une vue panoramique à couper le souffle sur la ville. Vous pouvez vous installer confortablement dans l'un des nombreux fauteuils, commander un cocktail maison (ma suggestion : Kiss from a Rose) et manger des tapas (excellentes fleurs de courgette frites au fromage de chèvre, nappées de miel à la truffe, miam!). C'est une belle occasion de faire le point sur votre voyage à Londres et d'admirer les nombreux endroits que vous souhaitez encore découvrir. Les couchers de soleil y sont magiques!
[336-337 Strand]
⊖ **COVENT GARDEN OU TEMPLE**

Des chevaliers au repos

114 Dans une jolie cour très tranquille où l'on se sent immédiatement à l'abri des turbulences de la ville, **Temple Church** est vraiment magnifique avec sa rotonde en pierre dorée. Construite au XIIᵉ siècle, cette église est l'un des lieux où se déroule le roman *Da Vinci Code*. Ce que vous verrez à l'intérieur est saisissant. Sur le sol sont exposées les sculptures funéraires à l'effigie d'une dizaine de Templiers qui appartenaient à un ordre religieux et militaire issue de la chevalerie chrétienne du Moyen Âge. Après avoir contemplé ces impressionnants tombeaux à gisant, visitez le reste de cette église à l'histoire si riche. Peut-être aurez-vous la chance d'assister à un magnifique concert entre ses murs anciens.
⊖ **TEMPLE**

City et Tower Hamlets

Malgré l'omniprésence des gratte-ciel et édifices très design, la **City**, centre des affaires de Londres, est bel et bien le plus vieux quartier de la ville. Découvrez son architecture à deux temps et la riche histoire de *Londinium*, l'ancien nom de la ville, fondée par les Romains il y a 2000 ans! Juste à côté, l'arrondissement de **Tower Hamlets** est tout aussi riche en histoire ancienne et rassemble quelques-uns des monuments iconiques les plus spectaculaires de Londres.

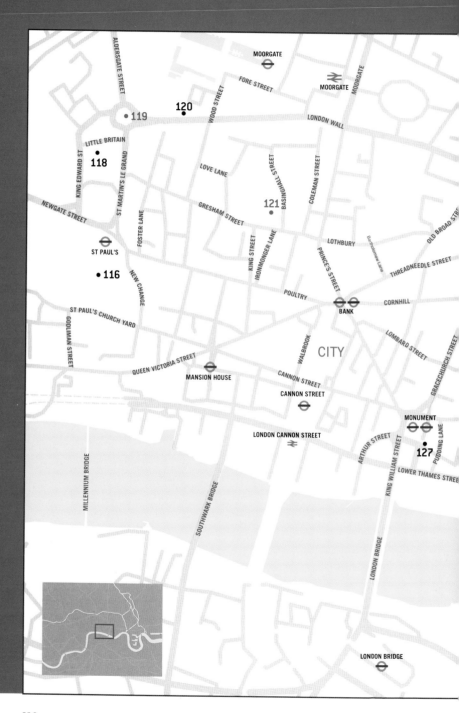

LONDON LIVERPOOL STREET

LIVERPOOL STREET

- Voir + photographier
- Boire + manger
- Shopping + brocante
- Arts + culture
- Activités + promenades

WORMWOOD STREET

CAMOMILE ST

BISHOPSGATE

ALDGATE EAST

• 122

BEVIS MARKS

BURY STREET

ST MARY AXE

123
•123

ALDGATE

LEADENHALL STREET

LIME STREET

BILLITER STREET

•125

MINORIES

PHILPOT LANE

FENCHURCH STREET

LONDON FENCHURCH STREET

•126
126

EASTCHEAP

ST DUNSTAN'S HILL

MARK LANE

TOWER GATEWAY

ST MARY AT HILL

TOWER HILL

ROYAL MINT STREET

TOWER HILL

128
•

TOWER HAMLETS

EAST SMITHFIELD

• 129

131
•

TAMISE

TOWER BRIDGE

• 130

l'ancien premier ministre. C'est aussi dans cette superbe cathédrale qu'a été célébré le mariage très médiatisé du prince Charles et de Lady Diana, en 1981. À l'intérieur, levez les yeux vers la coupole. Vous serez ébloui par son immensité, par sa grande beauté et par les détails de sa décoration. Vous pourrez même monter là-haut, à sa base, dans la « galerie des murmures ». Chuchotez quelques mots et l'on vous entendra très bien de l'autre côté ! Finalement, grimpez encore plus haut et sortez à l'extérieur, dans la Golden Gallery, au sommet du dôme, pour admirer la ville tout autour de vous.
[St. Paul's Churchyard]
⊖ ST. PAUL'S

La grande dame de la City

116 Vous verrez son dôme immense ressortir fièrement parmi les édifices contemporains de la City : **St. Paul's Cathedral** est l'un des symboles les plus importants et les plus reconnaissables de la ville. C'est la cinquième cathédrale construite sur le même site depuis l'an 600. Celles qui l'ont précédée ont pour la plupart été détruites par des incendies. St. Paul's Cathedral, la plus grandiose de toutes, tient bon depuis la fin du XVIIᵉ siècle, et elle a même résisté au Blitz, les intenses bombardements menés par l'armée de l'air allemande pendant la Seconde Guerre mondiale. C'est ici qu'ont eu lieu les funérailles de Winston Churchill, le 30 janvier 1965. D'ailleurs, admirez l'impressionnante porte de fer érigée à l'entrée de la crypte en l'honneur de

Taxi!

117 Vous les verrez partout dans la ville, particulièrement dans ce quartier ! Les **black cabs** sont emblématiques de Londres, comme les taxis jaunes à New York. Même si la capitale célèbre l'innovation, elle sait conserver certaines institutions qui font partie de son charme. Les chauffeurs qui conduisent ces voitures noires d'allure rétro connaissent la ville par cœur ! Pour y arriver, ils doivent suivre un cours long et exigeant appelé « *The Knowledge* », et ensuite seulement ils sont autorisés à prendre le volant. Ils doivent connaître chaque rue et chaque monument, les meilleurs trajets et raccourcis. Montez à bord d'un *black cab* au moins une fois lors de votre séjour : la vaste cabine arrière forme un petit salon où vous pourrez vous asseoir confortablement, en étendant les jambes, et discuter face à face avec vos amis. Une expérience anglaise typique !

Le parc des héros

118 Le petit **Postman's Park** n'a rien d'extraordinaire à première vue. Mais, si vous y regardez de plus près, vous remarquerez de très touchantes inscriptions sur le mur d'un des bâtiments, sous le petit toit. Il s'agit d'un espace où l'on rend hommage à ceux qui ont sacrifié leur vie pour sauver quelqu'un. Les plus anciennes inscriptions remontent aux années 1800. On y lira plusieurs récits de noyades dans la Tamise, où un héros a tenté de sauver la vie de son prochain, mais y a perdu la sienne. Dieu ait leur âme !
[St. Martin's Le Grand]
⊖ BARBICAN

Le carrosse doré du Lord Mayor

119 Voici un musée passionnant! Le **Museum of London** relate l'histoire de Londres à travers les siècles. Vous y verrez des objets remontant à la préhistoire, et toute une section consacrée à la période romaine. Vous pourrez également visiter l'exposition permanente sur le Grand incendie de Londres, une tragédie qui, du 2 au 5 septembre 1666, a rasé le quartier qu'on appelle aujourd'hui la City. Ce drame est décrit dans l'une des expositions permanentes intitulée *War, Plague & Fire* (*La guerre, la peste et le feu*). Cela dit, la pièce de résistance de ce musée est un élégant carrosse couvert de dorures et de fioritures. Il est utilisé par le Lord Mayor of London qui règne sur la City (à ne pas confondre avec le maire de Londres qui, de son côté, dirige un district beaucoup plus vaste). Depuis 800 ans, un nouveau Lord Mayor est élu chaque année. À cette occasion, il parade dans les rues de la City à bord de ce magnifique carrosse tiré par six chevaux. Au cours de cet impressionnant cortège (retransmis en direct à la télévision britannique pour des millions de

téléspectateurs), le Lord Mayor prête allégeance à la reine. Si vous êtes à Londres le deuxième samedi de novembre, vous pourriez être témoin d'une de ces nombreuses traditions dont raffolent les Londoniens!
[150 London Wall]
⊖ BARBICAN, ST. PAUL'S ou MOORGATE

120

Another Brick in The Wall

120 À la sortie du Museum of London, vous vous trouverez devant les ruines du **London Wall**, le mur d'enceinte construit par les Romains à l'époque où la ville s'appelait *Londinium*. L'impressionnant ouvrage, qui entourait la ville autrefois, a été détruit et reconstruit maintes fois à travers les siècles, si bien que la partie que vous observerez ici (Bastion 14) date du Moyen Âge. Entrez dans le joli **Barber Surgeons' Garden** [Monkwell Square], un jardin ancien qui rassemble des ruines romaines. Avec la proximité des immeubles très design de la City, le contraste entre les époques est plus frappant ici que n'importe où ailleurs dans la ville.
⊖ BARBICAN, ST. PAUL'S ou MOORGATE

Des vestiges romains sous le musée

121 La **Guildhall Art Gallery** rassemble des œuvres d'art magnifiques, dont la plupart racontent l'histoire de Londres, de 1670 à nos jours. Ma toile préférée est *The Defeat of the Floating Batteries at Gibraltar*, du peintre américain John Singleton Copley, une commande de la Ville de Londres. La toile est si grande qu'on a dû aménager, spécialement pour elle, une partie du musée. Pourtant, ce n'est pas le plus grand trésor des lieux... La plus grande « œuvre » a été découverte SOUS le musée, en 1988, alors que des travailleurs creusaient de nouvelles salles d'exposition. Ils n'en ont pas cru leurs yeux lorsqu'ils ont découvert, à six mètres sous terre, un amphithéâtre romain! On peut aller admirer ces vestiges au sous-sol du musée. Des projections permettent d'en reconstituer les formes originales. Ce lieu important, au centre de l'ancienne ville, pouvait accueillir plus de 6000 spectateurs avides de combats d'animaux sauvages, de duels de gladiateurs et d'exécutions de criminels. Il n'y a pas de doute, Londres a bel et bien fait partie de l'Empire romain!
[Guildhall Yard]
⊖ BANK ou ST. PAUL'S

121

Les tours de la City

122 La City s'est transformée au cours des 15 dernières années, et ce n'est pas fini : les nombreuses grues indiquent que de nouvelles tours seront inaugurées incessamment. Une dizaine de gratte-ciel se côtoient sur une superficie d'à peine un kilomètre carré ; la City est devenue verticale ! De cité romaine à forteresse moyenâgeuse, puis à capitale victorienne, voilà maintenant un quartier bien futuriste ! Dans ce secteur, la ville historique a été complètement bousculée et son horizon a changé radicalement. Le résultat ? Un beau chaos urbain où la créativité a été grandement encouragée. Chacun y va de sa prouesse architecturale, non sans provoquer des controverses. On s'amuse d'ailleurs à trouver des surnoms aux immeubles aux formes les plus originales : le « cornichon » (30 St. Mary Axe ; voir raison 123) ; la « râpe à fromage » (122 Leadenhall) ; et le walkie-talkie (20 Fenchurch Street ; voir raison 126) ! Même s'ils ne forment pas un ensemble harmonieux, ils ont tous quelque chose à offrir, comme de bonnes tables majoritairement perchées à leur sommet ! Établir bars et restaurants au dernier étage des nouveaux gratte-ciel est une grande tendance dans la City. Montez tout en haut de **Tower 42** [25 Old Broad St] pour découvrir son bar à champagne, le **Vertigo 42**, qui vous fera tourner la tête avec sa très élaborée carte de bulles et de cocktails pétillants. De son côté, **Heron Tower** [110 Bishopsgate] abrite au 40e étage (que vous atteindrez par un ascenseur vitré) le célèbre restaurant **Duck & Waffle**, ouvert 24 heures sur 24. Le nom de ce restaurant s'inspire de sa spécialité : une cuisse et un œuf frit de canard

déposés sur une gaufre, le tout nappé de sirop d'érable. Aussi bon au petit déjeuner qu'au dîner ! Vous remarquerez le **122 Leadenhall**, surnommé le *Cheesegrater* (râpe à fromage), en raison de sa forme prismatique très effilée. À 225 mètres, il est un des plus hauts édifices de Londres. L'accès au sommet est interdit (sauf lors d'événements privés), mais vous pouvez aller au restaurant du 3e étage, **Bob Bob Exchange**. Le concept est fort intéressant : chaque table dispose d'un bouton « *Press for champagne* » ; ainsi, vous ne serez jamais à sec ! Il est à noter que la plupart de ces établissements n'acceptent pas les clients qui se présentent en sandales, en espadrilles, en souliers de course, en short ou en vêtements de sport. Sans vous mettre sur votre 36, il vaut mieux enfiler une tenue appropriée avant de s'y rendre.

Le gratte-ciel qui fait jaser

123 Il représente le nouveau Londres, la nouvelle City. Dès son achèvement en 2003, le **30 St. Mary Axe**, dit **The Gherkin**, est devenu l'un des édifices iconiques de la ville. Et pour cause ! Son architecture est hyper-originale et sa façade impressionne avec ses 5500 panneaux de verre. Si plusieurs l'ont adopté instantanément, d'autres ont été offusqués par l'aspect de cette tour de bureaux en forme de concombre (*gherkin*, en Angleterre, désigne un cornichon). On accusait les architectes de vandaliser l'image de la ville. Pourtant, plus de 13 ans après son inauguration, il n'y a plus de doute : le Gherkin est l'un des édifices chouchous de Londres. Montez au sommet, au restaurant **Searcys** qui offre non seulement une vue spectaculaire sur la ville, mais aussi une expérience gastronomique impressionnante, sous le grand dôme de verre et de métal. Commandez le risotto de crabe de la côte sud de l'Angleterre, avec basilic et orange, et le chou-fleur rôti, sauce aux oignons et à la moutarde. The Gherkin n'a pas fini de faire parler de lui, ici comme ailleurs. Parlez-en en bien, parlez-en en mal...
[30 St. Mary Axe]
⊖ **LIVERPOOL STREET** ou **ALDGATE**

Les monuments emblématiques en miniature

124 Les monuments de Londres sont si beaux qu'on voudrait les emporter à la maison ! C'est maintenant possible grâce à **Skyline Chess**, un superbe jeu d'échecs en acrylique, aux pièces noires et blanches. Il a été créé par les designers anglais Ian Flood et Chris Prosser qui rêvaient de voir les immeubles emblématiques de Londres glisser sur un échiquier. Les pions sont des maisons de ville ; le London Eye représente le cavalier ; le Shard incarne la reine et Canary Wharf, le roi ; Big Ben est la tour ; et le Gherkin, le gratte-ciel le plus fou de Londres, est... le fou ! Pour les amoureux d'architecture, des échecs et de la ville de Londres ! Vous pouvez visiter le site : skyline-chess.co.uk.

La tour walkie-talkie

126 Mal-aimé depuis toujours, le **20 Fenchurch Street** a remporté, en 2015, la Carbuncle Cup, un prix remis annuellement par le magazine *Building Design* à l'édifice le plus laid du Royaume-Uni. Ce gratte-ciel, par sa forme irrégulière et sa façade quadrillée, a vraiment l'air d'un imposant walkie-talkie! Pourtant, il possède de beaux atouts, dont le **Sky Garden**, aux derniers étages, le jardin public le plus élevé de Londres. Vous pourrez le visiter et admirer le superbe panorama sans obligation de manger ou boire sur place (réservez votre billet gratuit à l'avance sur le site Web du jardin ou faites la file pour y entrer). Si toutefois l'envie vous prenait de casser la croûte en hauteur, je vous recommande le restaurant **Fenchurch**, dans le haut de l'atrium, l'une des tables les plus populaires de Londres!
⊖ **MONUMENT**

Un passage cinégénique

125 Dans la City, à l'endroit même où les Romains faisaient du commerce il y a près de 2000 ans, se trouve le très charmant marché couvert **Leadenhall Market**. La vocation de cet endroit s'est transformée au fil des années. D'abord un marché de volailles et de viandes diverses (remarquez les nombreux crochets de boucher, toujours en place), il est devenu, en 1881, un magnifique passage de style victorien au plafond très ouvragé. Aujourd'hui, vous y trouverez de nombreux restaurants, bars et comptoirs d'alimentation. Vous y croiserez, en semaine, des gens d'affaires qui se retrouvent pour le lunch ou pour un verre après le boulot. Vous allez sans doute aussi y repérer des fans de Harry Potter, bien heureux de déambuler dans ce qui a servi de décor pour illustrer *Diagon Alley* (le Chemin de Traverse), et qui cherchent le mythique établissement *The Leaky Cauldron* (Le Chaudron Baveur). Eh bien, sachez que c'est la boutique d'optométrie The Glass House qui a représenté au cinéma le pub fictif des sorciers [2-3 Bull's Head Passage]! Vous vous souviendrez peut-être aussi d'Angelina Jolie qui traverse le marché en moto, dans le film *Lara Croft*! Mais n'ayez crainte, tout cela n'est que du cinéma et vous pouvez emprunter ce passage piétonnier en toute quiétude, 24 heures sur 24!
[Gracechurch St]
⊖ **MONUMENT** ou **BANK**

127

Des bains romains

128 Un autre bel exemple du passage des Romains dans la ville a été retrouvé sous la cité actuelle, le **Billingsgate Roman House & Baths**, des ruines de thermes romains qui se trouvaient à l'intérieur d'une ancienne maison-hôtel. Celle-ci accueillait les voyageurs arrivant dans la capitale par la Tamise, aux IIIe et IVe siècles. Pour mieux les servir, on y avait fait construire des bains qui leur permettaient de se détendre et de se laver après un long périple. Ils pouvaient profiter d'un *caldarium* (salle des bains chauds), d'un *tepidarium* (salle des bains tièdes) et d'un *frigidarium* (salle des bains froids). De tous les thermes romains découverts ici et là dans la cité, ceux-ci sont les mieux conservés. Vous pourrez visiter ces ruines qui ont survécu à plus de 2000 ans de bombardements, d'incendies et de chantiers de construction. Elles en disent long sur le mode de vie des Romains de *Londinium*. Pour rester dans l'ambiance, allez admirer l'impressionnant segment du mur romain qui entourait autrefois la ville, tout près de la station de métro Tower Hill. *Veni, Vidi, Vici !*
[101 Lower Thames St]
⊖ **TOWER HILL**

Un grand monument pour un grand incendie

127 Au sud de la City se dresse fièrement un grand symbole de la ville : **The Monument to the Great Fire of London**, construit en mémoire du tragique incendie qui a détruit la ville en 1666. À son sommet, une plateforme panoramique offre une vue impressionnante des environs. Pour y accéder, vous devrez monter les 311 marches de l'escalier en spirale (tout un exercice !) Lorsque vous redescendrez, on vous remettra un certificat attestant que vous avez bel et bien atteint le sommet du touchant monument !
[Fish St Hill, à l'angle de Monument St]
⊖ **MONUMENT**

Si vous allez dans la City un dimanche, vous serez seul et aurez l'impression d'être dans une ville fantôme ! L'endroit est déserté le week-end et un calme extraordinaire y règne. Tout un contraste avec le bruit et l'activité intenses de la semaine !

Une forteresse pour des bijoux précieux

129 Dans le palmarès des attractions les plus populaires de Londres, **Tower of London** est dans le top 10! Âgé de 1000 ans, c'est l'un des plus anciens édifices du monde qui tiennent encore debout. Forteresse impressionnante, la tour a été construite en 1078 à la demande de Guillaume le Conquérant. Elle a été à la fois un symbole de résistance, une résidence royale et une prison. Mais la fonction que je lui préfère est celle de « coffre-fort ». En effet, la Tower of London abrite et protège depuis la fin du XIe siècle les précieux **Crown Jewels (joyaux de la Couronne britannique)**, une des plus grandes collections publiques de joyaux du monde. Vous serez ébloui par les couronnes serties de diamants et de pierres précieuses, les épées d'apparat, les sceptres et autres attributs portés lors des couronnements et des cérémonies officielles. Mais attention : il est formellement interdit de photographier les joyaux pour des raisons de sécurité, pour les protéger des flashes, et parce qu'ils sont considérés comme sacrés !
[St. Katharine's & Wapping]
⊖ TOWER HILL

Le plus beau pont du monde !

130 Lorsque vous le verrez pour la première fois, vous serez sans doute ému. Il fait partie de notre imaginaire depuis si longtemps ! On l'appelle souvent le London Bridge, mais son véritable nom est **Tower Bridge**, vu sa proximité avec la Tower of London (voir raison 129). Le pont possède lui-même deux imposantes tours où vous pourrez visiter la **Tower Bridge Exhibition**. Vous y apprendrez l'histoire de cette merveille architecturale construite de 1886 à 1894, et vous pourrez admirer l'impressionnante machinerie qui actionne le tablier pour laisser passer les bateaux. Si vous n'avez pas le vertige, grimpez tout en haut et marchez sur les passerelles supérieures dans lesquelles on a intégré des sections de verre. Sous vos pieds, vous verrez de minuscules voitures rouler sur le pont, plusieurs mètres plus bas... Si vous êtes toujours à l'aise, restez-y pour assister à une levée du pont et au passage d'un bateau. C'est spectaculaire ! Consultez ce site pour connaître l'horaire des levées : towerbridge.org.uk/lift-times.
[Tower Bridge Rd]
⊖ TOWER HILL

129 130

131

Une marina en plein centre-ville

131 Vous pourriez passer tout un après-midi à vous promener dans **St. Katharine Docks**. Cette jolie enclave comprend un canal, une écluse, trois bassins qui servent de marina, un hôtel et plusieurs restaurants au bord de l'eau. En plus des nombreux visiteurs qui viennent s'y promener quotidiennement et des plaisanciers qui s'y amarrent, 6500 personnes y travaillent et 400 y résident. Tout ce beau monde forme une communauté qui partage l'amour de l'eau et des bateaux, et qui raffole de l'architecture industrielle de cet ancien port commercial. Allez prendre un café au charmant **White Mulberries** [D3 Ivory House], logé dans un ancien entrepôt qui date de 1858. Pour une cuisine originale, découvrez **Amaru** [Ivory House] où l'on opère la fusion entre les gastronomies japonaise et péruvienne. Sushis et ceviches sont au menu. L'endroit est petit, mais son décor inspiré des brasseries japonaises est très joli. À la nuit tombée, la balade dans St. Katharine Docks est tout aussi agréable, alors que les lumières se reflètent dans l'eau des bassins.
[50 St. Katharine's Way]
⊖ TOWER HILL

Whitechapel, Spitalfields, Shoreditch, Dalston, Hackney Wick et Stratford

Whitechapel, Spitalfields, Shoreditch, Dalston et Hackney Wick sont des quartiers où règne une jeunesse créative et dynamique qui s'amuse, évolue et réalise ses rêves à travers différentes formes d'art, sur fond de murales colorées. Cette promenade dans l'est de la ville vous entraînera jusqu'aux installations olympiques et au plus grand centre commercial d'Europe, dans le quartier Stratford.

● Voir + photographier
● Boire + manger
● Shopping + brocante
● Arts + culture
● Activités + promenades

HOMERTON

HACKNEY WICK

WATERDEN ROAD

STRATFORD

STRATFORD INTERNATIONAL

HACKNEY WICK

WHITE POST LANE

● 163

WESTFIELD AVENUE

162

STRATFORD

LEE NAVIGATION

STRATFORD
HIGH STREET

VICTORIA PARK ROAD

VICTORIA PARK

CITY MILL RIVER

WATERWORKS RIVER

HERTFORD UNION CANAL

EAST CROSS ROUTE

GROVE ROAD

● 161

OLD FORD ROAD

PUDDING MILL LANE

ROMAN ROAD

REGENT'S CANAL

BOW CHURCH

BOW ROAD

GLOBE ROAD

MILE END

BROMLEY-BY-BOW

DEVONS ROAD

STEPNEY GREEN

LANGDON PARK

LIMEHOUSE

CABLE STREET

WESTFERRY

TAMISE

WEST INDIA
QUAY

POPLAR

Le dernier
des music-halls

132 Vous trouverez la porte au beau milieu d'une ruelle située entre Ensign Street et Fletcher Street. En jetant un coup d'œil à la façade patinée du **Wilton's**, vous saisirez immédiatement l'esprit de l'endroit : vieillot et imprégné d'histoire. À l'intérieur de cet étonnant complexe aux allures de labyrinthe, dont les différents bâtiments sont reliés, dirigez-vous vers le fameux **Mahogany Bar** où l'on sert des clients depuis 1725 (c'était d'ailleurs une adresse bien connue des marins qui débarquaient au port de Londres). Vous pourrez y flâner en prenant un verre. Ensuite, passez au cœur de l'immeuble, où se cache un véritable trésor : une ancienne salle de music-hall unique au monde, qui, malgré de nombreuses fermetures et changements de vocation depuis 1858, a conservé tout son cachet et son mystère (elle a même servi d'église pendant quelques années !). Admirez le superbe plafond avec arches et l'immense balcon ornementé qui encercle la salle. Selon vos préférences, vous pourrez vous acheter des billets pour assister à un spectacle d'opéra, de marionnettes ou de magie, à une pièce de théâtre ou à un concert de musique classique ou rock. Quelle chance que ce décor grandiose ait survécu au pic des démolisseurs !
[1 Graces Alley]
⊖ **TOWER HILL** OU **ALDGATE EAST**

L'auberge de jeunesse
qui a du vécu

133 Si vous voyagez à petit budget, la **Wombat's City Hostel** est l'endroit parfait pour vous. Cette auberge de jeunesse (18 ans et plus) au décor sans pareil, située à deux pas du Tower Bridge (voir raison 130) et de la Tower of London (voir raison 129), est charmante comme tout. De vieilles planches de chêne sont intégrées un peu partout dans la déco du hall, du restaurant et du bar. Certaines datent de 500 ans et proviennent des ruines d'anciens bateaux. Coïncidence, c'était autrefois une auberge pour les marins qui venaient s'y reposer après de longs voyages. Aujourd'hui, c'est un lieu contemporain, lumineux et joyeux qui accueille de jeunes voyageurs de partout dans le monde. Vous pourrez réserver un lit dans l'un des dortoirs (3 à 8 personnes) ou louer une chambre privée si vous désirez plus d'intimité. Chaque chambre a sa propre salle de bains, il y a du wi-fi partout et vous pourrez faire la lessive sur place. Achetez à la réception un coupon pour le petit-déjeuner ou cuisinez vous-même vos repas sur place, ce sera encore plus économique.
[7 Dock St]
⊖ **TOWER HILL**

Un marché *trendy*

134 Les Londoniens raffolent des marchés urbains et s'y donnent rendez-vous pour des balades entre amis. Le **Brick Lane Market** est mon préféré. J'adore l'ambiance décontractée qui y règne. Situé tout au long de Brick Lane, il rassemble de nombreux commerces auxquels s'ajoutent, le dimanche, des stands de nourriture, de vêtements et de babioles. La faune qui le fréquente est multiethnique, jeune et artistique. Il y a d'ailleurs beaucoup de galeries d'art et de *street art* dans les environs. On peut y faire de jolies trouvailles (meubles Art déco, magazines anciens, objets décoratifs, vêtements vintage, etc.) et rencontrer des gens sympathiques. Arrêtez-vous au bistroquet **Chez Elles** [45 Brick Ln] pour prendre un thé et un petit scone. Le décor est charmant et vous entendrez l'accent français des propriétaires. Continuez votre promenade jusqu'au royaume du cari ! On surnomme justement cette portion de la rue, entre Fashion Street et Woodseer

Street, **Curry Lane**. Ici, des dizaines de restaurants indiens et bangladais se succèdent. Amateurs, vous aurez l'embarras du choix ! Et si, spontanément, vous aviez envie d'une belle coupe de cheveux à la mode, l'excentrique Trevor Landell (mieux connu sous le nom de Me-We) vous fera ça en plein air, devant tout le monde, en dansant (oui, oui !). Faut pas être gêné ! Vous trouverez Trevor à la boutique de vêtements et accessoires **Iconoclast** [91 Brick Ln].
⊖ **ALDGATE EAST** ou **SHOREDITCH HIGH STREET**

De la poutine
made in London

135 Il y a foule au Brick Lane Market le dimanche, et c'est à ce moment que le Canadien Paul Dunits, fondateur de **The Poutinerie**, installe son stand pour servir aux résidents et aux voyageurs le plat typique du Québec. Originaire de Toronto, c'est lors d'un séjour à Montréal avec des amis qu'il a eu le coup de foudre pour la poutine. Lorsqu'il s'est établi à Londres, Paul a cherché une façon originale de faire sa place dans la gastronomie locale. Son illumination ? Importer ce mets chez les Anglais ! Il a dû faire de nombreuses recherches afin de le recréer fidèlement. Mettant à profit son expérience de chef, il a déniché les pommes de terre parfaites, le fromage idéal et tout ce qu'il faut pour concocter la fameuse sauce brune. Je vous assure que sa poutine est dé-li-ci-eu-se. Pas mal, pour un Ontarien ! Et savez-vous quoi ? Les Londoniens en raffolent et convergent avec enthousiasme vers le stand de Paul. Comme quoi la réputation de la poutine dépasse largement les frontières du Québec !

[Brick Ln à l'angle de Pedley St]
⊖ **ALDGATE EAST** ou **SHOREDITCH HIGH STREET**

S'inviter chez les autres

136 En déambulant dans la **Dennis Severs' House**, une maison de 10 pièces dans laquelle on a reconstitué le quotidien d'une famille du XVIIIe siècle, vous vivrez une expérience incomparable. Vous aurez le sentiment d'entrer chez des gens qui viennent tout juste d'interrompre leurs occupations. Chaque pièce est éclairée à la chandelle (ou par un feu de foyer) et est aménagée de façon à ce que vous sentiez la présence de cette famille imaginaire. Un chat rôde, un canari chante, l'odeur de la nourriture flotte dans l'air et le tic-tac des horloges rythme la visite. Ce n'est pas un musée conventionnel, ce n'est pas une pièce de théâtre, c'est une expérience multisensorielle unique en son genre.
[18 Folgate St]
⊖ **LIVERPOOL STREET OU ALDGATE EAST**

SHOREDITCH HIGH STREET

Du bonheur en boîte

138 Le petit centre commercial éphémère **Boxpark**, constitué d'une soixantaine de conteneurs noirs répartis sur deux étages, vous attend à la sortie de la station Shoreditch High Street. Son allure singulière vous indique que vous êtes ici dans un quartier jeune, artistique et branché! Ce *pop up mall* rassemble des boutiques proposant des vêtements de designers locaux ou internationaux, des objets de décoration et de la cuisine de rue de nombreux pays. Près des conteneurs, vous trouverez des sections de terrasse pour vous asseoir, discuter et manger. En soirée, l'atmosphère vire à la fête près des bars, et les *deejays* invités font danser la foule. L'un des lieux les plus magiques de ce complexe urbain est la petite esplanade où ont lieu de nombreuses prestations musicales. Vous y ferez de belles découvertes!
[2-10 Bethnal Green Rd]
🚇 **OLD STREET** ou **SHOREDITCH HIGH STREET**

Une soirée à ciel ouvert

137 Les bars sur les toits sont très populaires à Londres. Le **Queen of Hoxton** l'a bien compris et a élaboré tout un concept: un toit décoré selon une thématique qui change après quelques mois. Si vous passez y prendre un verre, ne soyez pas surpris de vous retrouver dans une ambiance cubaine, viking ou amérindienne. D'ailleurs, on y a déjà installé un immense wigwam dans lequel on pouvait admirer des artefacts des Premières Nations! La carte des mets et des cocktails s'ajuste selon la thématique du moment. Mais tout ne se passe pas uniquement sur le toit. Au rez-de-chaussée, vous ferez la fête dans une ambiance décontractée, où une machine à boules (flipper), une table de ping-pong et un baby-foot vous feront rajeunir un peu. Au sous-sol, vous assisterez à des événements très variés qui vont de la soirée électro au spectacle de cabaret. Peu importe l'étage que vous choisirez, vous y passerez du bon temps!
[1 Curtain Rd]
🚇 **LIVERPOOL STREET**

139

Pour le plaisir de manger dehors

139 Shoreditch est reconnu pour sa cuisine de rue. Dans ce quartier, vous pourrez manger sur le site d'un ancien poste d'essence, le **Pump,** où sont rassemblés de nombreux kiosques et bars. L'ambiance y est électrique! En entrant dans ce marché de *street food*, vous vous sentirez immédiatement aspiré dans un joyeux labyrinthe de *foodies* curieux de découvrir des mets indiens, argentins ou vénézuéliens. En soirée, la musique et les voix s'élèvent avec les odeurs alléchantes entremêlées. [168-175 Shoreditch High St]

Juste à côté, le **Block** propose aussi une cuisine de rue et plusieurs genres culinaires sous un seul toit. Vous pourrez vous régaler en prenant place à l'une des nombreuses tables ou dans les espaces-salons. Dans ce lieu urbain couvert, il y a des festivals gastronomiques, des prestations musicales et de grands rassemblements les jours de matchs de foot sur grand écran! [186-187 Shoreditch High St]

⊖ **OLD STREET** ou **SHOREDITCH HIGH STREET**

Le restaurant venu de loin

140 À mes yeux, c'est le restaurant parfait! Et je ne suis pas seule à le penser, puisqu'il y a constamment une file devant sa porte. Oui, vous attendrez sans doute avant d'entrer chez **Dishoom** (même avec une réservation), toujours plein à craquer. Son concept? Imaginez un café iranien installé à Bombay, en Inde, qui déménage dans l'est de Londres et s'imprègne de la culture locale. Beau mélange des genres! Lorsque vous réussirez à y entrer, on vous suggérera de prendre un verre au bar en attendant votre table. Commandez un Virgin Bombay Colada, une variation de la piña colada à laquelle on a ajouté de la coriandre, du sirop de thé chai et du jus de lime... Étonnant et rafraîchissant! Si on vous propose ensuite une table dans la véranda, dites oui! Il y règne une ambiance très agréable. Je vous suggère de commander plusieurs petits plats à partager, pour goûter au plus grand nombre de mets d'inspiration indienne ou iranienne auxquels on a ajouté une touche anglaise. Vous ne le regretterez pas. Ce restaurant a vraiment trouvé sa niche et sait entretenir la magie depuis son ouverture en 2012. On dit même qu'il est le restaurant le plus «séduisant» de Londres, car il charme sans cesse une très vaste clientèle. Vous ferez le plus beau des voyages en faisant escale chez Dishoom! [7 Boundary St]

⊖ **OLD STREET** ou **SHOREDITCH HIGH STREET**

Paint it black

141 Une belle tendance se dessine à Londres, et plus particulièrement dans ce quartier : plusieurs édifices sont entièrement peints en noir. Parfois, ce sont de nouveaux immeubles design, conçus ainsi, d'autres fois il s'agit de très anciens édifices qui ont reçu la visite des peintres. Ce choix esthétique leur donne une apparence dramatique et élégante à la fois, tout en insufflant un certain renouveau aux bâtiments. Un bel exemple à observer au passage : la **Dirty House** [à l'angle des rues Chance St et Whitby St].
⊖ OLD STREET ou SHOREDITCH HIGH STREET

Le barbier, l'esthéticienne, le resto et le cinéma

142 J'adore ces lieux à vocations multiples, tel **Barber & Parlor**, un de mes endroits préférés à Shoreditch. Dans un immeuble industriel, vous trouverez **Neville Barber**, un salon de barbier très cool, et **Cheeky Parlour**, un salon de beauté où l'on donne des soins esthétiques (manucure, pédicure, coupe de cheveux et application de henné). Dans la salle principale, visitez la boutique d'objets design, de livres d'art et d'articles de cuisine. Un petit creux ? Vous pouvez manger sur place du midi au soir. Pour clore votre passage au Barber & Parlor, faites un petit tour au sous-sol où se trouve un cinéma. On y projette des films hollywoodiens ou anglais. Voilà l'exemple concret d'un tout-en-un !
[64-66 Redchurch St]
⊖ SHOREDITCH HIGH STREET

BARBER & PARLOUR

Les murs qui s'expriment

143 Shoreditch est l'épicentre de l'art de rue à Londres. C'est carrément un musée à ciel ouvert! Ce quartier délaissé par les industries après la Seconde Guerre mondiale (à la suite des bombardements) a connu un renouveau à partir des années 1990, quand plusieurs artistes ont pris d'assaut les manufactures pour y loger leurs ateliers. Le célèbre artiste multidisciplinaire Damien Hirst et le défunt créateur de mode Alexander McQueen ont été parmi les premiers à s'y installer et à y organiser des événements artistiques. Le célèbre Banksy, l'un des pères de l'art urbain, a souvent laissé ses traces sur les murs de Shoreditch. Ses œuvres aux messages politiques, souvent faites au pochoir et reproduites sur des toiles ou sur des murs, valent aujourd'hui des centaines de milliers de dollars. On va même jusqu'à scier les murs sur lesquels il a réalisé une œuvre! Nombreux sont les artistes talentueux qui se sont exprimés sur les façades des environs. Vous pourrez découvrir leurs œuvres en parcourant **Great Eastern Street** (et les petites rues environnantes) et **Brick Lane**. Si vous souhaitez découvrir les secrets derrière ces murales colorées, inscrivez-vous à une visite guidée à cette adresse : shoreditchstreetarttours.co.uk.
⊖ **SHOREDITCH HIGH STREET**

Manger dans une cour d'école

144 Ici, l'expression «secret bien gardé» prend tout son sens, puisque trouver l'établissement est un défi en soi. Lorsque vous passerez devant La Rochelle School, vous ne devinerez jamais qu'un restaurant se cache derrière la porte au-dessus de laquelle on peut lire «Boys»! Et pourtant, il suffit de franchir le portail pour découvrir ce trésor caché, La **Rochelle Canteen**, **établie** dans la cour de cette école primaire depuis 2006. Il n'y a toutefois plus d'enfants depuis longtemps, l'édifice étant devenu un espace de création qui accueille des ateliers d'artistes et plusieurs petites entreprises. Le restaurant est aménagé dans l'ancien hangar à vélos des écoliers, mais choisissez une table dans la cour si la température le permet. Vous pourrez ainsi manger sur la jolie terrasse et vous asseoir sur le gazon, tout près, après le repas, pour flâner ou lire. Remarquez le jardin d'herbes fraîches, lesquelles servent à agrémenter les plats. Puisqu'on propose ici une cuisine saisonnière et locale (potages, poissons, gibier), le menu change quotidiennement. Vous irez donc de surprise en surprise. Sachez que le restaurant n'a pas de permis de vente de boissons alcoolisées. Vous devrez donc apporter votre vin. Vous en trouverez tout près, au **Leila's Shop** [15-17 Calvert Ave].
[Arnold Circus]
⊖ **OLD STREET** ou **SHOREDITCH HIGH STREET**

Le Londres de Charlene

145 Flânez dans **Arnold Circus**, profitez du joli kiosque à musique, au beau milieu du parc, puis continuez votre chemin jusqu'au nº 7 de Calvert Avenue. Vous y trouverez une boutique-atelier irrésistible où vous pourrez contempler (et acheter) des créations qui feront de parfaits souvenirs de voyage. La designer **Charlene Mullen**, propriétaire de la boutique du même nom, est amoureuse de sa ville et le démontre bien à travers ses créations. Big Ben, le Tower Bridge, le Gherkin et le London Eye sont tous représentés par de jolies illustrations qu'elle imprime sur de la vaisselle, des coussins et des lampes. Les monuments les plus populaires de Londres pourraient désormais trouver une place dans votre maison!

⊖ OLD STREET ou SHOREDITCH HIGH STREET

Le boudoir vintage

146 **The Bridge Coffee House** est un endroit inusité où prendre un thé, un café ou un verre d'alcool dans le quartier Shoreditch. Dès votre entrée, remarquez le bar très original avec sa vieille caisse enregistreuse, ses bibelots et ses nombreux objets de collection. Grimpez l'escalier qui mène dans un boudoir de style victorien, exagérément décoré. Ma pièce favorite! Partout, des statues, des lampes, des cadres dorés, des coussins multicolores, de grands fauteuils élégants en velours et des divans recouverts de tissus somptueux. Tout est rose, fuchsia, rouge et vert. Vous en aurez plein la vue! Ce n'est pas un hasard si l'endroit s'appelle The Bridge: il est situé devant un pont ferroviaire, et le train lui passe sous le nez!

[15 Kingsland Rd]

⊖ OLD STREET ou HOXTON

Des bonbons pour les monstres

147 Voici sans doute l'une des boutiques les plus singulières que vous découvrirez à Londres. Le **Hoxton Street Monster Supplies** vend des produits pour les... monstres! On se vante ici d'avoir tout ce qu'un vampire, un loup-garou ou un yéti peuvent désirer. Sur les emballages, on lit des mots comme *Night Terrors* (terreurs nocturnes), *Toasted Bone Chunks* (fragments d'os grillés) et *Petrified Mice* (souris pétrifiées). Une fois l'étonnement passé, vous constaterez que la plupart de ces choses sont des bonbons! Et que derrière tout cela se cache une belle idée: les bénéfices générés par la vente de ces friandises inusitées sont versés à un organisme sans but lucratif, The Ministry of Stories, qui encourage l'écriture chez les jeunes. En achetant du *Salt made from Tears of Anger* (sel fait de larmes de colère), des *Cubed Earwax* (bonbons au cérumen!) ou de l'*Organ Marmalade* (marmelade d'organes), vous contribuerez donc à la formation de futurs écrivains. Ça donne le goût!
[159 Hoxton St]
⊖ **HOXTON**

Le musée de la beauté intérieure

148 Si vous aimez le design d'intérieur, voici le musée pour vous. Le **Geffrye Museum** raconte l'évolution de la décoration anglaise au cours des 400 dernières années. En visitant des pièces complètement aménagées, vous découvrirez les styles qui ont été chers aux Anglais durant les époques georgienne, victorienne ou Art déco. Partout, des objets du quotidien (œuvres d'art, cendrier, téléphone, etc.) évoquent les habitudes et les mœurs des Anglais d'autrefois. Ces reconstitutions vous en apprendront beaucoup sur l'évolution du design. Mon coup de cœur: le salon de 1965, avec ses meubles en bois et son téléviseur ovale.
[136 Kingsland Rd]
⊖ **HOXTON**

London Calling!

149 Voici une autre belle occasion de prendre une photo-souvenir. Lorsque vous apercevrez une **red telephone box** (cabine téléphonique rouge) sur votre chemin, sautez sur l'occasion, car elles sont moins nombreuses qu'avant. Si elles ont été détrônées par le téléphone portable, elles demeurent tout de même un symbole de Londres aussi important que les taxis noirs (voir raison 117) et que les autobus à impériale (voir raison 99). Vous verrez quelques cabines dans cette partie de la ville, facilement repérables à leur rouge vibrant, couleur qui leur avait été attribuée pour qu'on les distingue bien en cas d'urgence. La cabine téléphonique rouge a été conçue en 1935 par l'architecte Giles Gilbert Scott pour commémorer le 25e anniversaire du couronnement du roi George V. Ces cabines ont survécu aux bombardements de la Seconde Guerre mondiale, restant bien souvent les seules à tenir encore debout parmi les débris! Aujourd'hui, bien que la plupart d'entre elles abritent toujours un téléphone, plusieurs servent par exemple de guichets automatiques bancaires ou de bibliothèques en libre-service. Certaines sont même devenues des œuvres d'art, comme le fameux *Out of Order* de David Mach (voir raison 285). En cette ère où tout le monde est branché, la plupart des cabines émettent aussi un signal wi-fi pour alimenter les passants collés à... leur téléphone!

150

L'italien végétalien

150 Si vous aimez la nourriture italienne et que vous souhaitez manger santé, rendez-vous au restaurant **Fed By Water** qui propose une gastronomie végétalienne tout sauf ennuyeuse. On y prépare des mets hyper-colorés et savoureux, de quoi séduire le plus exigeant des *foodies*! Ni viande ni produits dérivés des animaux (œufs, produits laitiers) ne sont servis ici, ce qui n'empêche pas le chef d'élaborer une cuisine traditionnelle italienne savoureuse. Pizzas, pâtes et bruschettas sont à la carte. Goûtez à leur assortiment de faux-mages à base de riz ou de noix de cajou, ils sont délicieux. L'ingrédient secret du Fed By Water: une eau filtrée! On enlève toutes les impuretés de l'eau avant de s'en servir pour concocter les plats et les jus. C'est ici que vous goûterez à la nourriture la plus saine en ville!
[64 Kingsland High St]
⊖ DALSTON KINGSLAND

Un café qui vit au rythme du canal

152 Par une journée ensoleillée, il fait bon se promener au bord des canaux ! Arrêtez-vous au **Towpath Cafe** (que vous trouverez en empruntant un petit passage près du pont Whitmore) et attablez-vous confortablement devant le Regent's Canal. Vous pourrez contempler la vie qui passe doucement, les embarcations qui défilent sur l'eau, les chiens qui marchent dans les traces des chevaux d'autrefois, les parents avec des poussettes, les cyclistes et les amoureux. À l'ouverture du café, les propriétaires remontent des rideaux de fer qui dévoilent de petites salles cloisonnées qui font office de cuisine, de bar et de salle à manger. Pour accompagner votre thé ou votre café, commandez un gâteau à l'huile d'olive et au citron. Il est délicieux. L'endroit est aussi reconnu pour ses excellents petits-déjeuners (gaufres, pain doré, *grilled cheese*) servis dans des assiettes anciennes et dépareillées. Le café est fermé les mois d'hiver, mais reste ouvert jusqu'à 23 h le reste de l'année pour vous permettre de profiter plus longtemps du beau temps !
[36 De Beauvoir Cres]
⊖ **HAGGERSTON**

Le salon de coiffure rockabilly

151 Il semble être sorti tout droit des années 1950, ce salon **Rockalily Cuts** ! Prenez place devant l'un des charmants meubles anciens et l'on vous coiffera au son d'une musique rockabilly endiablée ! Vous pourrez bien sûr obtenir un look inspiré de l'époque du rock'n'roll, mais dans ce salon déjanté on réalisera vos rêves les plus fous, en coupe ou en coloration. Après tout, vous êtes à Londres, la ville des excentriques... Laissez-vous aller !
[199 Kingsland Rd]
⊖ **HOXTON**

153

L'édifice le plus cool de Dalston

153 L'immeuble **The Print House** [18 Ashwin St], qui héberge plusieurs jeunes entreprises, est devenu le lieu de ralliement par excellence dans le quartier Dalston. Il y a, sur le toit, le **Dalston Roof Park** où se réunissent des centaines de jeunes gens qui viennent prendre un verre tout en contemplant la ville. La bière y coule à flot (dans des verres de plastique), la musique est joyeuse et les lieux, colorés. Il y a du faux gazon, de petites clôtures, des meubles de jardin et des plantes un peu partout. À peu de frais, vous y mangerez une cuisine préparée par de jeunes chefs qui proposent leur menu tour à tour. À l'extrémité ouest du toit, vous pourrez vous asseoir dans des *bean bags* ou des chaises de jardin pour assister à des prestations musicales ou à des projections en plein air. À l'extrémité est,

vous aurez une vue sur le **Bootyard**, une cour où se tiennent souvent des bazars et des festivals, et qui rassemble de nombreux bars et comptoirs de restauration, dont une superbe boulangerie dans un conteneur, **The Dusty Knuckle** [3 Abbot St]. Au rez-de chaussée de la Print House, dans l'**Arcola Theatre** [24 Ashwin St], vous pourrez admirer des artistes établis ou de la relève. La moitié des pièces sont écrites et mises en scène par des femmes. Juste à côté, le **Cafe OTO** [18-22 Ashwin St] propose une cuisine iranienne le jour, des spectacles de musique (souvent du jazz) le soir. En passant une journée ou une soirée en ces lieux, vous aurez pris le pouls de Dalston, l'un des quartiers les plus cool de Londres ! ⊖ DALSTON JUNCTION ou DALSTON KINGSLAND

La plus londonienne des Québécoises !

154 Son joli minois vous dit peut-être quelque chose. Comme moi, **Elsie Martins** a été animatrice à MusiquePlus, la chaîne de télévision musicale québécoise, à la fin des années 1990. Déjà, à cette époque où nous étions collègues, elle rêvait de vivre à Londres. Ce rêve l'habitait depuis l'enfance. Un premier voyage, à l'âge de 19 ans, lui avait confirmé que cette ville était faite pour elle, et Elsie est retournée y vivre quelques mois au milieu des années 1990. Son visa expiré, elle a dû rentrer à Montréal où elle a décroché un emploi à MusiquePlus : l'endroit de rêve pour interviewer ses idoles anglaises ! Mais l'appel de Londres était trop fort, et en 2001 elle s'est envolée pour de bon.

À son arrivée dans sa ville d'adoption, Elsie a réalisé son second rêve : travailler à la BBC. Depuis maintenant 15 ans, elle file le parfait bonheur à la radio, dans le magnifique immeuble du quartier Marylebone (voir raison 40). Pour se rendre au boulot, elle enfourche son vélo à partir du quartier Dalston, où elle habite (10 km en 40 minutes !). « À mes yeux, dit-elle, le vélo est le meilleur moyen d'explorer la ville. On peut emprunter des rues tranquilles dans les quartiers résidentiels. C'est très sûr. Je croise des renards, des policiers à cheval et des laitiers qui livrent encore, à certains endroits, les traditionnelles bouteilles de lait en verre ! J'aime aussi longer les canaux et saluer les habitants des péniches qui se réveillent doucement, une tasse de thé à la main. »

Excentré, moins cher et plus modeste, le quartier Dalston attire une population de jeunes et d'artistes. « Ils ont transformé le quartier de la plus belle façon, dit Elsie. Leur arrivée a entraîné l'ouverture de nombreux restaurants, cafés, bars jazz, bars à cocktails, microbrasseries, théâtres, galeries d'art, festivals, etc. Un de mes endroits favoris, pour prendre un verre près de la maison, est le **Fontaine's**, le meilleur bar à cocktails de Londres, à mon avis. C'est un boudoir élégant de style Art déco, où la carte des cocktails change continuellement, ce qui me donne toujours envie d'y retourner ! Au sous-sol, il y a des soirées cabaret et des projections de vieux films. »
[176 Stoke Newington Rd]

Qui prend pays, prend mari ! En effet, Elsie a trouvé l'amour à Londres et a épousé Oliver. « Nous nous sommes mariés à la Clissold House (voir raison 156), dans le Clissold Park, raconte Elsie. C'était notre lieu de rendez-vous galants et ça a été notre lieu de mariage. Nous avons marché de la maison jusqu'au parc. Je portais une robe rouge des années 1920 pour rester fidèle à mon amour de tout, tout, tout ce qui est rétro ! » En se mariant à Oliver, Elsie se mariait aussi à Londres pour sceller cet amour qui dure depuis si longtemps !

Quand la nature reprend le dessus

155 J'adore marcher dans ce cimetière mystérieux. Le site du **Abney Park Cemetery**, abandonné à quelques reprises au fil des ans, a été envahi par la végétation. Celle-ci s'est glissée un peu partout à travers les stèles et les monuments. Le résultat est superbe et l'atmosphère, très poétique. Le site fait partie des « Magnificent Seven », les sept cimetières établis en « banlieue » pour décongestionner les anciennes paroisses du centre de Londres au XIXᵉ siècle. À cette époque, la population londonienne augmentait rapidement et les nécropoles ne suffisaient plus. L'Abney Park Cemetery accueillait les défunts de toutes les croyances et les lieux sont aussi ouverts aux vivants! Que vous soyez joggeur, promeneur, peintre, poète ou musicien, vous trouverez ici l'inspiration. Comme la chanteuse Amy Winehouse, qui a tourné ici le magnifique vidéoclip de sa chanson prémonitoire, *Back to Black*!

[South Lodge, Stoke Newington High St]
⊖ **STOKE NEWINGTON**

Un parc bourgeois accueillant

156 De Stoke Newington High Street, tournez dans Stoke Newington Church Street et découvrez une jolie vie de quartier avec ses nombreux cafés et boutiques. Passé Clissold Road, tournez à droite et marchez jusqu'au **Clissold Park**, l'un des plus beaux de cette partie de Londres. Il remporte chaque année, depuis 2006, un Green Flag qui récompense les plus beaux parcs du pays. Dans cet espace se dresse la magnifique **Clissold House**, construite **à la fin du XVIIIᵉ** siècle. Avec son étang, ses arbres et son emplacement surélevé, cette ancienne résidence privée a inspiré de nombreux peintres qui l'ont représentée sur leurs toiles. Aujourd'hui, cette grande maison est ouverte à tous et on y célèbre des mariages et des anniversaires. Faites comme les Londoniens: commandez un café ou un panini au petit resto du rez-de-chaussée, puis installez-vous pour observez les résidents du quartier qui se promènent et jouent dans le parc.
⊖ **STOKE NEWINGTON**

158

Une piscine olympique dans un parc de *hipsters*

157 Surtout le week-end, vous aurez ici le sentiment de débarquer dans un mini-Woodstock. Des centaines de jeunes assis sur l'herbe du **London Fields** profitent du beau temps, préparent des barbecues et refont le monde. C'est l'endroit parfait pour observer la jeunesse londonienne. Au nord du parc se trouve la **Lido**, une piscine olympique longue de 50 mètres et chauffée à 25 °C toute l'année. Plusieurs courageux y plongent même pendant les mois d'hiver. Tout autour, des joueurs s'affrontent sur les courts de tennis pendant que les casse-cous s'exercent sur la piste de vélo BMX. Faites votre choix !

⊖ LONDON FIELDS

Faites comme chez vous !

158 Autrefois, des bergers guidaient leurs troupeaux par ici après avoir traversé le London Fields (voir raison 157). Le **Broadway Market** était l'endroit où ils vendaient leurs bêtes, ou simplement une escale sur la route des autres marchés de la ville. Aujourd'hui, cette rue commerçante, qui relie le London Fields au Regent's Canal, rassemble des boutiques très coquettes et de nombreux restaurants. Le samedi, jour de marché, une centaine de kiosques temporaires s'installent devant les boutiques le long de la rue. On y ressent un fort sentiment de communauté. Les résidents viennent flâner, se rencontrer et s'entraider. Les affiches placardées un peu partout vous indiqueront les spectacles présentés dans le secteur et les chambres à louer... Plutôt que de descendre à l'hôtel, installez-vous dans le quartier pour vivre une expérience «locale» !

⊖ LONDON FIELDS ou CAMBRIDGE HEATH

Le musée insolite

159 Lorsque vous visiterez le **Viktor Wynd Museum Of Curiosities, Fine Art & Natural History**, n'essayez pas de tout comprendre : ici, c'est un anti-musée ! Tout n'est pas rangé, classifié, expliqué. C'est plutôt un capharnaüm où l'on trouve toutes sortes d'objets étranges ! Des gribouillis de prisonniers, deux squelettes d'enfants siamois, de nombreux animaux empaillés, des insectes géants, etc. Tous ces objets, qui ne vous laisseront certainement pas indifférent, appartiennent au très coloré Viktor Wynd, un collectionneur qui aime s'entourer de crânes et d'autres ossements humains ou animaux. L'exposition permanente a pour thème la «finalité de la vie». C'est provocant, tabou, choquant (vous y verrez un fœtus humain dans le formol !). Après votre visite, passez au bar ; la carte des cocktails est très élaborée et consacre une page entière à l'absinthe. Vous aurez effectivement besoin d'un petit remontant après avoir vu toutes ces bizarreries !
[11 Mare St]
⊖ BETHNAL GREEN ou CAMBRIDGE HEATH

La nostalgie de l'enfance

160 Si vous souhaitez renouer avec votre âme d'enfant, entrez au **V & A Museum of Childhood**. Vous y verrez la plus grande collection de poupées au monde et une vaste collection de maisons de poupée anciennes (dont une datant du XVIIe siècle). Ces maisons sont si détaillées qu'elles en disent long sur la vie d'autrefois. Au cours de votre visite, vous reconnaîtrez de nombreux jeux éducatifs qui ont fait partie de votre jeunesse et de celle de vos ancêtres. Petites voitures, peluches, figurines, jeux de société sont tous réunis pour vous ramener à cette période où tout ce qui importait, c'était de jouer !
[Cambridge Heath Rd]
⊖ BETHNAL GREEN

Le parc modeste à l'histoire impressionnante

161 Établi dans un secteur modeste de la ville, **Victoria Park** a toujours été considéré comme un parc du peuple. On le surnomme d'ailleurs le « People's Park ». À travers les années, plusieurs rassemblements populaires et spectacles d'artistes engagés ont eu lieu ici. Ces derniers ont décrié le racisme, le nazisme et les injustices sociales, entre autres. Pendant la Seconde Guerre mondiale, le parc a servi de camp de prisonniers de guerre et de site de défense antiaérienne, d'où de nombreux canons tentaient d'atteindre les avions allemands qui bombardaient la ville. Marcher dans le parc Victoria vous permettra de traverser une grande partie de l'est de la ville (il est immense !). Vous croiserez d'abord le **West Boating Lake** où vous pourrez louer un pédalo ou une barque. Au centre du parc, au **skatepark**, vous pourrez admirer les adeptes de planche à roulettes qui affinent leurs prouesses. Toujours plus vers l'est, vous apercevrez le **Victoria Pond**, l'étang où l'on trouve le plus ancien club de bateaux miniatures du monde (Victoria Model Steam Boat Club), fondé en 1904. Chaque dimanche, d'avril à octobre, vous pourrez assister aux courses de modèles réduits, encore très populaires 113 ans plus tard. À l'extrémité est du parc, admirez les deux jolies alcôves pour piétons provenant de l'ancien London Bridge, transportées ici au moment de la démolition du pont, en 1831. Elles sont tout indiquées pour y faire un brin de lecture !
[Grove Rd]
⊖ CAMBRIDGE HEATH

Quartier en développement !

162 Quartier industriel important des XIXe et XXe siècles, **Hackney Wick** accueille depuis quelques années de nombreux artistes qui ont fui les loyers exorbitants du centre de Londres. Jeunes entrepreneurs et créateurs ont pris d'assaut les locaux des anciennes usines, dont le **White Building**, devenu le quartier général de Hackney Wick. Dans la cour, au bord de la rivière Lea, vous trouverez la **Crate Brewery** où vous pourrez déguster des bières brassées sur place et une pizza savoureuse.
[7 The White Building, Queen's Yard]
⊖ HACKNEY WICK

163

We Are The Champions!

Le parc des champions

163 Londres a accueilli les Jeux olympiques d'été de l'ère moderne à trois reprises : en 1908, en 1948 et en 2012. Promenez-vous dans le **Queen Elizabeth Olympic Park** pour contempler les installations. Vous y verrez le stade où se sont déroulées les cérémonies d'ouverture et de fermeture des jeux de 2012. Il vous semblera plus petit que celui que vous avez vu à la télé, puisqu'il s'agit d'une version réduite. Grâce à sa structure démontable, le stade est passé de 80 000 à 25 000 places après les jeux. Il sert actuellement de résidence au club de football West Ham United qui a signé un bail de 99 ans ! Ne manquez pas le **London Aquatics Centre** (où se sont déroulées des compétitions de natation, plongeon, natation synchronisée et water-polo), maintenant ouvert au public. Vous pourriez nager dans la piscine des champions ! Cet immeuble d'une grande beauté est l'une des dernières œuvres de l'architecte irako-britannique Zaha Hadid. Tout près de là, découvrez un monument très controversé : l'**ArcelorMittal Orbit**, une tour en acier rouge de 115 mètres, symbole des jeux de 2012. Son aspect tortueux a été grandement critiqué. On peut monter au sommet pour observer la ville et le parc olympique. Si le cœur vous en dit, redescendez en utilisant le toboggan qui serpente à travers la structure. Une chute de 178 mètres en 40 secondes ! Si vous aimez magasiner, vous serez aux anges : le **Westfield Stratford City** [Montfichet Rd], à un quart d'heure de marche de la tour, est le plus grand centre commercial urbain de toute l'Europe.

⊖ PUDDING MILL LANE, STRATFORD HIGH STREET ou STRATFORD

Docklands et Greenwich

Les Docklands sont situés au sud et au sud-est de Londres. Cette zone revitalisée rend hommage aux anciennes activités de ce qui fut autrefois le plus grand port commercial du monde. Découvrez aussi la région royale de Greenwich, classée au patrimoine mondial de l'UNESCO, où l'on trouve le fameux « méridien d'origine ».

SHADWELL

LIMEHOUSE

ALL SAIN

EAST INDIA DOCK ROAD

WESTFERRY

WEST INDIA
QUAY

POPLAR

ASPEN WAY

ROTHERHITHE TUNNEL

CANARY WHARF

CANARY
WHARF

WAPPING

HERON
QUAYS

ROTHERHITHE

SOUTH
QUAY

CANADA WATER

QUEBEC WAY

CROSSHARBOL

SURREY QUAYS ROAD

REDRIFF ROAD

•178

SURREY QUAYS

MUDCHUT

SOUTH BERMONDSEY

CREEK ROAD

DEPTFORD

NEW CROSS

NEW CROSS GATE ELL

DEPTFORD BRIDGE

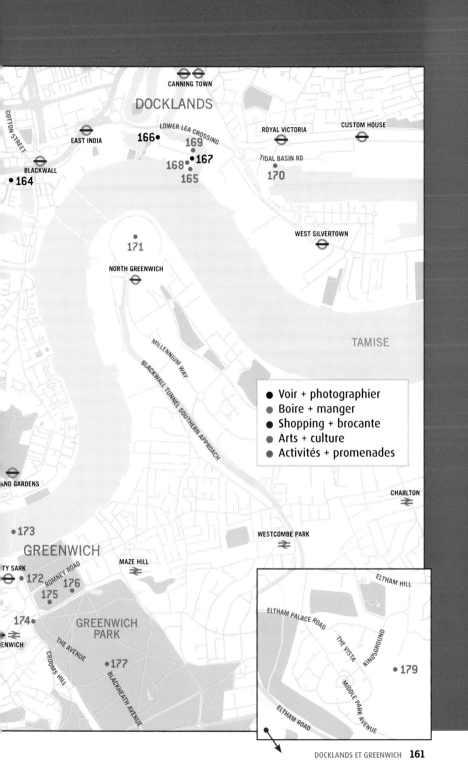

CANNING TOWN

DOCKLANDS

EAST INDIA

LOWER LEA CROSSING

166•
169
168• •167
165

COTTON STREET

BLACKWALL
•164

ROYAL VICTORIA

CUSTOM HOUSE

TIDAL BASIN RD

170

WEST SILVERTOWN

•171

NORTH GREENWICH

TAMISE

MILLENNIUM WAY

BLACKWALL TUNNEL SOUTHERN APPROACH

● Voir + photographier
● Boire + manger
● Shopping + brocante
● Arts + culture
● Activités + promenades

ND GARDENS

•173

GREENWICH

CHARLTON

WESTCOMBE PARK

TY SARK
• 172
175

ROMNEY ROAD

176

MAZE HILL

174•
ENWICH

GREENWICH
PARK

THE AVENUE

CROOMS HILL

•177

BLACKHEATH AVENUE

ELTHAM HILL

ELTHAM PALACE ROAD

THE VISTA

KINGSGROUND

•179

MIDDLE PARK AVENUE

ELTHAM ROAD

Un ancien quai à vocation artistique

165 Voici une balade très intéressante à faire en un après-midi. **Trinity Buoy Wharf** est une péninsule située dans l'ancienne zone portuaire de Londres, où de nombreux ouvriers fabriquaient des bouées et des balises, et assuraient l'entretien des bateaux-phares. C'est maintenant un espace de création qui a conservé ses airs du XIXe siècle, où vous verrez des choses franchement... étonnantes! L'art y est omniprésent, puisque plus de 500 créateurs s'y sont installés, dont plusieurs exposent leurs œuvres en plein air. Mon installation préférée est *Taxi Cab With Metal Tree* d'Andrew Baldwin (voir raison 166). Derrière les murs des édifices anciens, vous pourrez visiter des expositions permanentes, assister à des spectacles et même vous adonner au parkour! En effet, le **Chainstore Building** abrite la **Parkour Academy**, la seule salle d'entraînement de la Grande-Bretagne où l'on enseigne à maîtriser ces courses d'obstacles urbaines. Vous pouvez suivre un cours d'initiation et, en même temps, observer ceux qui font des cascades spectaculaires sur du mobilier urbain. [64 Orchard Pl]

Plusieurs personnes vivent ici, dans des conteneurs de l'ancien port qui ont été recyclés en habitations colorées et originales. Au cours de votre promenade dans les environs, allez manger une bouchée au **Fat Boy's Diner**, un resto rétro inspiré des années 1940, où l'on sert burgers, hot-dogs et milk-shakes au rythme des chansons du juke-box. [64 Orchard Pl] Il y a beaucoup à voir et à faire au Trinity Buoy Wharf!

🚇 **EAST INDIA** ou **ROYAL VICTORIA**

Circulez!

164 En arrivant au rond-point situé au bout de Trafalgar Way, vous risquez d'être confus... Ces feux de signalisation ne sont pas comme les autres. En effet, ***Traffic Light Tree*** est une sculpture de l'artiste français Pierre Vivant qui souhaitait recréer à la fois la forme des platanes, ces arbres que l'on voit dans certains parcs de Londres, et le rythme effervescent de la circulation et des activités commerciales de la capitale. Son arbre, haut de 8 mètres, comporte 75 feux tricolores contrôlés par ordinateur. La sculpture urbaine a été installée à l'endroit même où se trouvait autrefois un platane qui a grandement souffert de la pollution urbaine. Au début, ces feux de signalisation semaient la confusion chez les automobilistes et les motocyclistes, mais ce lieu est rapidement devenu le carrefour préféré de ceux qui circulent dans les environs!

🚇 **BLACKWALL**

L'arbre qui voulait voyager

166 On dirait qu'un arbre a poussé à travers ce *black cab*! Cette installation surréaliste, appelée *Taxi Cab with Metal Tree*, est l'œuvre de l'artiste Andrew Baldwin. Après avoir longtemps travaillé comme forgeron et soudeur, il a eu envie de concevoir des œuvres fascinantes. Vous verrez plusieurs de ses créations métalliques sur le site du Trinity Buoy Wharf. Ses sculptures sont souvent montées sur des roulettes et peuvent se déplacer. Son taxi noir transpercé d'un arbre ne pourra toutefois pas vous conduire ailleurs!

[Orchard Pl]

⊖ **EAST INDIA** ou **ROYAL VICTORIA**

Le bateau-studio

167 Admirez la robustesse et la couleur flamboyante du **Lightship 95**. Ce bateau-phare de 75 ans, qui jadis guidait les autres bateaux en zone difficile ou indiquait un danger à l'approche des côtes, a été entièrement converti en studio d'enregistrement flottant (l'un des plus fréquentés de Londres, où a enregistré Ed Sheeran et Lana Del Rey!). Il a fallu plusieurs mois d'importants travaux dans ce bateau de 550 tonnes pour créer cet environnement de travail plutôt insolite! Vous ne pourrez monter à bord (à moins de l'avoir réservé pour une séance d'enregistrement), mais vous prendrez plaisir à l'immortaliser, puisqu'il est très photogénique.

[64 Orchard Pl]

⊖ **EAST INDIA** ou **ROYAL VICTORIA**

167

Music Non-Stop!

168 En montant à l'avant-dernier étage du phare situé au bout du quai, tendez l'oreille. Vous découvrirez le **Longplayer**, une composition musicale du musicien anglais Jem Finer, modulée aléatoirement par un ordinateur. Dans la pièce principale se trouvent les nombreux «bols chantants» tibétains aux sonorités diverses, que le musicien a utilisés pour créer les sons que l'ordinateur transforme en musique. Cette musique méditative joue sans arrêt depuis le 31 décembre 1999, et jouera jusqu'en 2999. Au final, on aura entendu 1000 ans de cette création musicale qui ne propose jamais les mêmes combinaisons de notes. Les bols forment une belle installation permanente (et intrigante!) que vous pourrez admirer. Pour vivre l'expérience suprême, grimpez dans la pièce vitrée, au sommet de ce phare du XIXᵉ siècle (le seul qui reste à Londres), pour écouter cette musique unique dans ce lieu lumineux, avec vue sur l'O2 Arena (voir raison 171) et la Tamise. Vous pourrez également écouter la musique du *Longplayer* sur Internet, diffusée en temps réel et en continu à cette adresse: longplayer.org/stream/.

[64 Orchard Pl]
⊖ **EAST INDIA** ou **ROYAL VICTORIA**

Le minuscule musée de M. Faraday

169 À première vue, vous aurez l'impression de vous trouver devant une simple guérite ou un cabanon banal. Puis, en pénétrant dans le **Faraday Effect**, vous constaterez qu'on y a reconstitué l'espace de travail de Michael Faraday, le célèbre physicien britannique qui, en 1845, a découvert l'«effet Faraday» qui décrit l'interaction entre la lumière et un champ magnétique dans un matériau. Cette œuvre-musée, conçue par l'artiste Ana Ospina, rend hommage à ce héros scientifique de la période victorienne. Le petit musée est d'ailleurs situé au pied du phare où se trouve le *Longplayer* (voir raison 168), phare construit pour Michael Faraday. Tout là-haut, il pouvait conduire de nombreuses expériences avec la lumière et superviser l'entraînement des futurs gardiens du phare. Grâce aux documents et aux objets disposés sur son bureau et à certains effets sonores, vous aurez l'impression que Michael Faraday (pourtant mort en 1867) vient d'interrompre son travail le temps de monter dans son beau phare!

[64 Orchard Pl]
⊖ **EAST INDIA** ou **ROYAL VICTORIA**

Traverser la Tamise en flottant... dans les airs!

170 Monter à bord d'un téléphérique pour vous rendre sur la rive sud de la Tamise, ça vous dit ? L'**Emirates Air Line** vous permet de survoler le fleuve dans une télécabine vitrée où règne le plus paisible des silences. J'adore cette sensation de flotter dans les airs, dans une bulle qui se déplace tout en douceur. Vous pourrez même vivre l'expérience de nuit et apercevoir les lumières de la City au loin, ou celles des bateaux qui glissent sur l'eau, sous vos pieds. C'est une merveilleuse façon de se rendre au O2 Arena (voir raison 171). On peut utiliser l'Oyster Card (pour les transports en commun) pour payer son passage à bord du téléphérique.
[27 Western Gateway]
⊖ ROYAL VICTORIA

J'irai grimper sur ton toit!

171 Établi dans un très bel environnement urbain, l'**O2 Arena** est le nouvel endroit où l'on peut assister aux spectacles des grandes vedettes de la pop ou du rock. Une grande place pourvue de nombreux restaurants a été aménagée tout autour. Sachez aussi que l'on peut grimper sur le toit de cette salle omnisports ! L'ascension vers le sommet de la toile est agréable, mais elle exige tout de même des efforts, car la pente est assez raide. Pour faciliter l'exercice (et le faire en toute sécurité), on vous fournira des chaussures antidérapantes et un harnais qui vous attachera à un câble métallique. Vous serez guidé par un professionnel pour faire cette randonnée inattendue. La vue de là-haut est à couper le souffle ! Vous verrez au loin la ville et les nombreux bateaux qui voguent sur la Tamise. Regardez aussi à vos pieds, vous comprendrez mieux le concept architectural du O2 qui comporte des éléments faisant allusion au temps, dont les 12 mâts jaunes qui représentent les mois de l'année. Une merveille de l'architecture contemporaine.
[Peninsula Square]
⊖ NORTH GREENWICH

Le bateau qui transportait le thé

172 Lors de votre promenade à Greenwich, allez admirer le **Cutty Sark,** un navire à voiles britannique qui a pris la mer pour la première fois en 1869. Il est le dernier exemplaire des *tea clippers*, des voiliers rapides et robustes qui traversaient les océans, au XIXᵉ siècle, pour transporter des cargaisons de thé, de Chine jusqu'en Angleterre. Ces navires ont un jour été détrônés par les bateaux à vapeur, plus rapides. Vous pourrez contempler le *Cutty Sark* sous toutes ses coutures! Admirez d'abord ses longs mâts, puis montez à bord et arpentez le pont de bois. Allez ensuite examiner la coque très fine et hydrodynamique en déambulant SOUS l'impressionnant bateau exhaussé par une imposante structure. Une fois en dessous, vous aurez l'occasion de prendre le thé en hommage à ce navire qui en a tant transporté! De nombreuses figures de proue anciennes sont exposées dans la galerie muséale. Ne ratez surtout pas la sorcière Nannie qui domine fièrement l'avant du *Cutty Sark*, le *tea clipper* le plus rapide de son époque!
[King William Walk]
⊖ CUTTY SARK FOR MARITIME GREENWICH

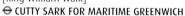

Un passage piétonnier sous la Tamise

173 Vous remarquerez un joli dôme vitré devant le *Cutty Sark* (voir raison 172). Il s'agit de l'entrée du Greenwich Foot Tunnel, un tunnel piétonnier qui vous permettra de traverser la Tamise à 15 mètres sous la terre. Pour l'atteindre, il faut prendre l'ascenseur ou descendre un long escalier en colimaçon qui s'enfonce dans les entrailles de Greenwich. Ce tunnel a été inauguré il y a bien longtemps, en 1902, après trois ans de travaux. On l'a creusé pour faciliter la vie des ouvriers de la région, qui devaient se rendre au travail sur les docks. Même dans ce tunnel long de 371 mètres, on vous demandera de garder la gauche pour circuler, comme les voitures dans les rues de la ville! Le tunnel est ouvert 24 heures sur 24 et est surveillé par un système de caméras.
⊖ CUTTY SARK FOR MARITIME GREENWICH

La maison des éventails

174 La variété des musées londoniens est étonnante ! En voici un consacré aux... éventails ! Établi dans deux beaux immeubles du XVIIIᵉ siècle, bien restaurés pour accueillir ces accessoires si raffinés, le **Fan Museum** se trouve en plein cœur du quartier historique de Greenwich, un « village » pittoresque où vous trouverez un marché et de nombreux restaurants et commerces. La fondatrice du musée, Hélène Alexander, est une grande collectionneuse, spécialiste et passionnée des éventails. Des milliers de modèles sont montrés ici, à tour de rôle, à la faveur des expositions qui retracent l'évolution de cet accessoire, du XIᵉ siècle à nos jours. Faits de cuir, de plumes, de tissu, de nacre, d'ivoire ou de métal, les éventails, éblouissants, témoignent de différentes époques (on peut d'ailleurs y voir un éventail ayant appartenu à Louis XIV !). Ce musée vous en apprendra beaucoup sur le rôle de l'éventail dans la société, qui servait bien sûr à s'éventer lors des grandes chaleurs, mais aussi à transmettre des messages secrets et à séduire... Après avoir admiré ces petites merveilles, allez prendre le thé dans la magnifique orangerie, au rez-de-chaussée, histoire de poursuivre votre périple dans les époques anciennes !

[12 Crooms Hill]

⊖ CUTTY SARK FOR MARITIME GREENWICH

175

Les folles histoires navales

175 Le **National Maritime Museum** est le plus grand musée maritime de la Grande-Bretagne et l'un des plus importants du monde. Il renferme des artefacts de batailles historiques (boulets de canon, drapeaux), des médailles commémoratives de la fin de la traite des esclaves, et des peintures de batailles navales et de grands héros de la Marine britannique. Vous découvrirez aussi des photographies et quelques objets sauvés du naufrage du *Titanic*. Parmi les bateaux qui se trouvent sur place, il y a cette singulière embarcation construite en 1933, le *Miss Britain III*, la toute première à atteindre la vitesse de 100 milles à l'heure. Même si ce puissant bateau à moteur a plus de 84 ans, sa coque métallique est encore resplendissante. Finalement, ne manquez pas une des pièces de résistance du musée, le *Nelson's Ship in a Bottle*, un modèle réduit du vaisseau de l'amiral Nelson, le *HMS Victory*, avec ses 37 voiles colorées et sa coque détaillée, construit dans une bouteille. L'amiral Nelson est mort lors de la bataille de Trafalgar, en 1805.

[Park Row]

⊖ CUTTY SARK FOR MARITIME GREENWICH

174

176

Des fantômes dans l'escalier

176 Cette sublime résidence a été offerte à la reine Anne de Danemark par son époux, le roi Jacques Ier d'Angleterre. La **Queen's House** est une demeure à l'architecture purement classique, construite de 1616 à 1636. En entrant dans le hall, levez les yeux et admirez l'œuvre de l'artiste Richard Wright qui a créé, à l'occasion du 400e anniversaire du palais, de jolis motifs aux murs et au plafond, auxquels il a ajouté des feuilles d'or à vingt-trois carats. Pour réaliser cette œuvre, l'artiste a dû travailler de longs mois, couché sur le dos, au sommet d'un échafaudage. Cette résidence royale, devenue un magnifique musée ouvert à tous, possède une très jolie collection d'art des siècles derniers, dont certaines toiles ornaient déjà les murs du palais à l'époque où les représentants du pouvoir royal y vivaient. On raconte que cette demeure serait hantée! En effet, en 1966, un révérend canadien, R. W. Hardy, a photographié le magnifique escalier du palais, et lorsqu'il a développé la photo, il a aperçu des silhouettes en robe de nuit sur les marches… On peut facilement retrouver cette photo troublante sur le Web!
[Romney Rd]
⊖ **CUTTY SARK FOR MARITIME GREENWICH**

Là où le temps commence

177 Avant 1884, chaque pays avait sa propre heure locale. Il n'y avait pas d'entente internationale pour mesurer le temps, et même la durée d'une heure était variable. Chacun faisait ce qu'il voulait. Toutefois, avec le développement des moyens de communication, le déploiement des chemins de fer et les nombreux échanges commerciaux, il a fallu structurer la notion de temps. On a donc décidé que Greenwich hériterait du méridien d'origine, celui qui divise la planète en deux hémisphères, et que c'est ici, au **Royal Observatory**, que l'on ajusterait l'heure internationale. Vous verrez sur le sol la matérialisation du fameux méridien d'origine et vous pourrez vous amuser à mettre un pied dans l'hémisphère Est et l'autre dans l'hémisphère Ouest. Vous êtes vraiment au centre du monde!
[Blackheath Ave]
⊖ **CUTTY SARK FOR MARITIME GREENWICH**

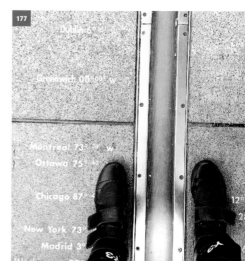
177

Jouer comme au cinéma

178 Voici une expérience immersive dont vous vous souviendrez longtemps! Au **Secret Cinema**, les organisateurs vous entraînent dans une aventure où les films populaires prennent vie. Dans un immeuble industriel, des comédiens vous plongeront dans une mise en scène très élaborée afin de recréer l'univers de tel ou tel film. Depuis le lancement de ce concept sans pareil, en 2007, des visiteurs ont participé à des soirées thématiques consacrées à *Star Wars*, *Saturday Night Fever*, *La Haine*, *Casablanca*, *Ghostbusters*, *Moulin Rouge*, etc. Les acteurs vous guideront d'un décor à l'autre, et vous deviendrez vous-même comédien, figurant et témoin de l'histoire qui se déploiera sous vos yeux. Préparez-vous à danser, à courir, à trembler de peur, à grimper, à vous cacher et, surtout, à vous amuser follement! Vous pourriez incarner un danseur, un soldat, un gitan, un roi ou une reine! Après avoir «joué» l'histoire, vous serez convié, avec les centaines d'autres participants, à regarder le film que vous venez tout juste de reconstituer. Inscrivez-vous à cette adresse: secretcinema.org. Et, surtout, abandonnez-vous à cette expérience. C'est plus cher qu'un billet de cinéma, mais ça vaut amplement la dépense! Émotions fortes garanties!
[1 Surrey Quays Rd]
⊖ CANADA WATER

Le château médiéval Art déco!

179 Ce qui distingue **Eltham Palace**, c'est qu'il est à la fois un joyau médiéval, un palais Tudor et une résidence Art déco digne d'Hollywood. En vous promenant entre ses murs, vous traverserez harmonieusement ces périodes de l'architecture et du design intérieur. Longtemps palais royal, Eltham Palace a été délaissé par les monarques qui lui ont préféré d'autres châteaux londoniens, pour des raisons stratégiques et pratiques. Mais le château a vécu une renaissance dans les années 1930, lorsqu'une riche famille l'a racheté pour en faire une somptueuse résidence Art déco, aujourd'hui musée. Vous pourrez y admirer les murs aux riches parements de bois, les meubles aux formes géométriques, élégamment disposés dans les pièces et les salles de bains somptueuses. N'oubliez pas d'aller contempler le grand hall médiéval, intact. Il est absolument grandiose! Et les environs d'Eltham Palace sont enchanteurs avec les vieux ponts, les murets de pierres et les jolis jardins.
[Court Yard]
⤳ MOTTINGHAM

Peckham, Southwark et Bankside

Autrefois modeste et malfamé, **Peckham** est l'un des nouveaux quartiers à la mode, où les jeunes aiment s'établir et sortir. **Southwark** est un rassemblement de quartiers anciens (Bankside, London Bridge, etc.) situés sur la rive sud de la Tamise, face à la City, et qui a une longue histoire d'activités portuaires. L'accès à l'eau y est valorisé, et chacun en profite. Un seul gratte-ciel caractérise le paysage, mais il est impressionnant !

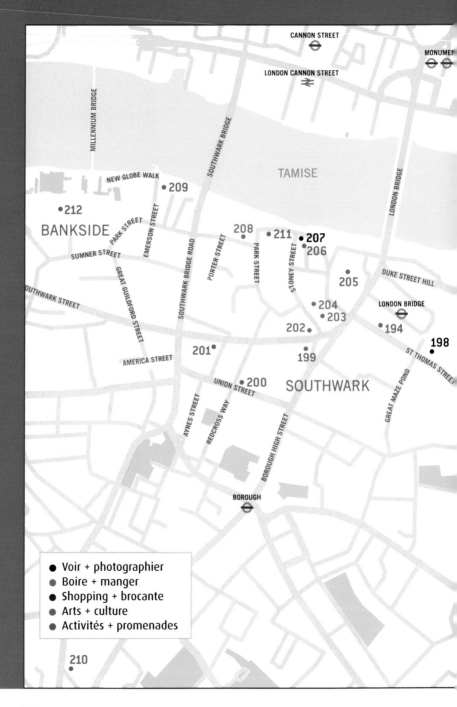

CANNON STREET

MONUMEN

LONDON CANNON STREET

MILLENNIUM BRIDGE

SOUTHWARK BRIDGE

TAMISE

LONDON BRIDGE

NEW GLOBE WALK

• 209

• 212

BANKSIDE

PARK STREET

EMERSON STREET

SUMNER STREET

GREAT GUILDFORD STREET

SOUTHWARK STREET

SOUTHWARK BRIDGE ROAD

PORTER STREET

PARK STREET

STONEY STREET

208
•

• 211

• 207
206

205
•

DUKE STREET HILL

• 204
• 203

LONDON BRIDGE

202 •

•194

198
•

201 •

AMERICA STREET

199

ST THOMAS STREET

SOUTHWARK

AYRES STREET

UNION STREET

• 200

REDCROSS WAY

BOROUGH HIGH STREET

GREAT MAZE POND

BOROUGH

- ● Voir + photographier
- ● Boire + manger
- ● Shopping + brocante
- ● Arts + culture
- ● Activités + promenades

210
•

TOWER HILL

LONDON BRIDGE

• 197

196
BATTLE BRIDGE LANE

• 195

• 193

TOWER BRIDGE

• 191
SHAD THAMES

HOLYROOD STREET

TOOLEY STREET

LAFONE STREET

GAINSFORD STREET

190 •

FENNING STREET

189 •

CRUCIFIX LANE

QUEEN ELIZABETH STREET

• 188

• 192

SHAD THAMES

• 187
SNOWSFIELDS

KIRBY GROVE

BERMONDSEY STREET

DRUID STREET

• 184

TYERS GATE

• 186

WESTON STREET

MOROCCO STREET

TANNER STREET

• 200

TANNER STREET

LAMB WALK

185 •

TOWER BRIDGE ROAD

NEWHAM'S ROW

HANOVER PARK

CLAYTON ROAD

RYE LANE

182 •

• 180

LONG LANE

• 183

PECKHAM RYE

• 181

PECKHAM

COPELAND ROAD

Admirer le coucher de soleil dans un stationnement

180 **Frank's Cafe**, quartier général de Peckham, est l'endroit parfait pour apprécier les soirées d'été. Établi sur le toit d'un parking à étages, il vous permet d'admirer le coucher du soleil, un verre à la main, avec, en toile de fond, la ville de Londres. Les habitués sont jeunes et stylés, comme ceux que l'on croise dans le quartier. Il peut faire froid là-haut, alors apportez une couverture ou un manteau chaud afin de profiter des lieux même quand le soleil disparaît de l'horizon. Oui, le bar est aménagé sur une dalle de béton, mais l'espace est chaleureux et invitant, à un point tel que même les enfants et les chiens sont les bienvenus pour y flâner.
[Peckham Multi-Story Car Park, 133 Rye Ln]
⊖ **PECKHAM RYE**

Le cinéma sur le toit

181 Voici une expérience multi-sensorielle inoubliable. Le **Rooftop Film Club** vous permet d'assister à la projection d'un film sur le toit du Bussey Building, un immeuble industriel centenaire. Pour y accéder, empruntez Bussey Alley à partir de Rye Lane, et vous arriverez dans la cour de l'édifice, où vous pourrez prendre une bouchée à l'un des kiosques rassemblés sur place. Montez ensuite jusqu'au toit. La vue y est magnifique et vous découvrirez un nouveau point de vue sur le centre de la ville qui apparaît au loin. Prenez un verre au **Rooftop Bar** en attendant la projection. La programmation du cinéma étant très diversifiée, vous pourrez y voir des nouveautés ou des films-cultes (*Grease*, *Flashdanse*, etc.). Quand la projection débute, installez-vous dans l'une des chaises de plage, mettez les écouteurs (que l'on vous fournira) sur vos oreilles et plongez dans l'histoire ! Le défi sera de résister à la tentation de regarder le coucher du soleil au loin... Parce que rien ne peut être plus captivant que ce magnifique spectacle de la nature !
[Bussey Building, 133 Rye Ln]
⊖ **PECKHAM RYE**

Manger dans un boui-boui kurde

182 La gastronomie s'est beaucoup développée à Peckham, ce quartier devenu très en vue. De nombreux cafés et plusieurs restaurants de cuisine internationale y ont ouvert leurs portes, représentatifs des communautés culturelles qui cohabitent dans les environs. Au fond d'une cour, sous une arche d'un pont ferroviaire, vous trouverez le restaurant **Yada's** où vous dégusterez à peu de frais une cuisine typiquement kurde. L'agneau est à l'honneur dans plusieurs plats savoureux, mais d'autres options font le bonheur des végétariens. L'endroit a un air déglingué, mais c'est ce qui fait son charme. Vous devez apporter votre vin si vous souhaitez boire de l'alcool. Vous pourrez également manger à l'extérieur et fumer la shisha, si ça vous dit, dans une cour où prolifèrent graffitis et *street art*.

[95A Rye Ln]
⊖ PECKHAM RYE

Le poste de garde devenu café

183 **The Watch House** est l'ancien poste de garde d'un petit cimetière du quartier, qui, autrefois, devait être surveillé continuellement, car des voleurs pillaient les tombes, à la recherche de bijoux ou d'objets de valeur. Maintenant transformé en un charmant café, ce petit édifice de forme singulière réveille les vivants plutôt que de veiller à ce que les morts dorment en paix! Toute l'année, on peut y acheter une délicieuse baguette de pain artisanal, faite sur place, et manger de succulentes salades maison. Les mois d'hiver, offrez-vous une soupe de courge musquée près du feu de foyer.

[199 Bermondsey St]
⊖ BERMONDSEY

Le musée flamboyant

184 Lors de votre balade dans Bermondsey Street (voir raison 186), vous remarquerez tout de suite le **Fashion and Textile Museum**, conçu par l'architecte mexicain Ricardo Legoretta, ce qui explique ses teintes du sud, l'orangé et le rose. Ces couleurs éclatantes vibrent encore plus les jours ensoleillés (oui, il y en a à Londres!). Ce musée consacre des expositions aux créateurs britanniques les plus originaux et retrace l'histoire des tissus et de la mode de façon plus générale. Allez casser la croûte au **Museum Café**, au rez-de-chaussée. Dans la boutique du musée, vous pourrez acheter des livres sur la mode et des accessoires créés par des designers.
[83 Bermondsey St]
⊖ BERMONDSEY

De l'art au cube

185 Un incontournable de la rue Bermondsey est le **White Cube**. Ce musée d'art contemporain, très lumineux, propose des expositions d'artistes importants. C'est d'ailleurs le White Cube qui a, entre autres, lancé la carrière de l'Anglais Damien Hirst qui possède maintenant son propre musée, le Newport Street Gallery (voir raison 226). Fondé en 1993 par le galeriste Jay Jopling, le White Cube possède des satellites dans le quartier St. James's (voir raison 22), à São Paolo (Brésil) et à Hong Kong. Marchez dans la blancheur minimaliste des couloirs de l'édifice de Bermondsey Street et découvrez les artistes les plus intéressants d'aujourd'hui!
[144-152 Bermondsey St]
⊖ BERMONDSEY

Une rue gastronomique

186 **Bermondsey Street** est l'une de mes rues commerçantes préférées à Londres. Remplie de charme et de petits commerces agréables, elle est devenue une destination gastronomique importante. Envie d'un bistro français? Entrez au **Casse-Croûte** [n° 109] qui vous transportera en France, avec ses nappes à carreaux rouges et blancs et ses images rétro qui tapissent les murs. Le menu change tous les jours, mais vous y trouverez régulièrement des rillettes, des cailles et du foie de veau.

Vous désirez faire le plein de fromages artisanaux et de charcuteries? Vous trouverez tout ce que vous aimez chez **B Street Deli** [n° 88], en plus d'une belle sélection de miels, d'huiles d'olive et de thés. Vous pourrez aussi emporter ou déguster sur place, au bar, une belle variété de pâtés sur toast, accompagnés de cornichons.

Faites aussi un arrêt chez **José** [n° 104] où l'on sert d'excellents tapas dans une ambiance de fête. Ce resto est toujours plein à craquer et il faut commander rapidement avant que les plats les plus populaires soient rayés du tableau! Peu importe ce que vous avez envie de vous mettre sous la dent, vous trouverez des adresses géniales dans cette longue rue où il fait si bon se promener.

⊖ **BERMONDSEY**

Les bijoux inspirés de la nature

187 La nature anglaise sert constamment d'inspiration au designer **Alex Monroe**, qui crée de magnifiques bijoux tout en finesse, ornés de fleurs, d'oiseaux, d'animaux ou d'insectes. Admirez les colliers-papillons, les scarabées-boucles d'oreilles et les bracelets fleuris... À mes yeux, toutes ses créations sont enchanteresses! Alex Monroe a grandi à la campagne et y séjourne encore aujourd'hui, cahier et crayon à la main, pour observer la nature et le bal des bestioles. Il y trouve l'inspiration pour inventer de nouveaux bijoux toujours très représentatifs des paysages anglais. Visitez sa petite boutique si bien décorée, elle vous rappellera à quel point la nature est riche de trésors! On peut aussi acheter ses créations en ligne, à cette adresse: alexmonroe.com.
[37 Snowsfields]
⊖ **LONDON BRIDGE**

Un cheval dans la ville

188 Apercevoir **Jacob the Horse** en plein centre d'une zone résidentielle est plutôt surprenant ! Il faut dire que l'architecture du complexe immobilier The Circle, au cœur duquel il se trouve, est assez singulière avec ses briques bleues, et que la présence de cette immense sculpture de bronze, représentant un robuste cheval de trait, ajoute à l'étonnement. Le lieu est très symbolique. Du XVIe au XIXe siècle, c'est à cet endroit que de nombreux chevaux venaient se reposer, se faire atteler, et prendre charge de nombreuses marchandises à transporter à travers la ville. Pour commémorer l'apport important de ces chevaux aux activités industrielle et commerciale de la ville, on a demandé à l'artiste Shirley Pace de créer cette sculpture qui évoque toute la force du cheval. Jacob est si lourd qu'il a été déposé ici en 1987... par hélicoptère !
[Queen Elizabeth St]
⊖ LONDON BRIDGE

La galerie d'art outsider

189 Située juste à côté de la charmante Bermondsey Street (voir raison 186), la très chouette galerie d'art **Underdog** est l'un des établissements qui ont contribué à revitaliser et à dynamiser le quartier. Voilà un bel exemple d'aménagement réussi dans un endroit insolite : sous les arches du chemin de fer ! Les voûtes de briques ont été peintes tout en blanc, pour apporter la pureté habituelle des galeries d'art, mais on a conservé le côté industriel des lieux. Les artistes contemporains qui exposent ici sont triés sur le volet et font partie des meilleurs de la Grande-Bretagne, voire du monde entier. La galerie est souvent le théâtre d'événements spéciaux. Pour y prendre part, consultez l'horaire des événements et inscrivez-vous sur la liste des invités (theunderdog.london/news-events), vous pourrez ainsi voir en primeur les nouvelles œuvres, vous retrouver dans une super ambiance de fête et danser au rythme de la musique d'excellents *deejays* !
[Arch 6, Crucifix Ln]
⊖ LONDON BRIDGE

Le quai béni

190 Ici, vous ferez de belles photos ! Surtout depuis le petit pont qui enjambe le **St. Saviour's Dock**. Son nom religieux fait référence aux moines clunisiens qui veillaient aux intérêts de leur communauté et géraient les arrivages de denrées par bateau pour approvisionner l'ancienne Bermondsey Abbey. Ils supervisaient également la construction et le fonctionnement des quais et des digues de la Tamise.

[Rive sud de la Tamise, 400 m à l'est du Tower Bridge]

⊖ LONDON BRIDGE ou BERMONDSEY

La tête dans tous ses états

191 Il s'en passe des choses dans cette tête géante ! **Head of Invention**, sculpture de bronze de l'artiste Eduardo Paolozzi, a été installée sur le Butler's Wharf en 1989. Vous remarquerez que, sur la face avant de son œuvre, l'artiste a inscrit sa citation préférée de Léonard de Vinci sur la perfection de la nature. Prenez le temps d'observer l'arrière de la tête : vous y découvrirez toute une machinerie qui sort du crâne et qui représente les rouages du cerveau humain.

[Butler's Wharf]

⊖ LONDON BRIDGE

La jolie rue des entrepôts

192 **Shad Thames** est une rue historique piétonnière qui longe la Tamise et le St. Saviour's Dock (voir raison 190). Elle se cache derrière de nombreux entrepôts où l'on stockait autrefois les cargaisons de thé, de café et d'épices venues de loin. Quand on y marche, on a le sentiment d'être transporté à une autre époque. En levant les yeux, vous verrez de nombreuses passerelles qui permettaient de rouler des barils de marchandises d'un entrepôt à l'autre. Lorsque l'activité portuaire s'est déplacée plus à l'est, au XXᵉ siècle, les environs ont sombré dans l'abandon. Mais aujourd'hui, ces immenses entrepôts sont habités et logent des commerces et des restaurants au rez-de-chaussée. L'un des restaurants les plus connus est **Le Pont de la Tour** [36D Shad Thames], un chic établissement français qui offre une vue superbe sur le Tower Bridge. Allez goûter à leur délicieuse cuisine.

⊖ BERMONDSEY ou TOWER BRIDGE

L'hôtel de ville futuriste

193 On dirait qu'un casque de moto gigantesque a été posé au bord de la Tamise ! Le surprenant **City Hall**, inauguré en 2002, est un autre témoin de la grande modernisation de Londres. Il a été conçu par l'architecte Norman Foster (celui qui a revitalisé le Reichstag à Berlin) qui a priorisé la transparence et la rondeur. Entrez-y, même si vous n'avez pas de rendez-vous, pour admirer l'immense hall et le grand escalier qui forme une superbe spirale. Prenez le temps de flâner sur l'esplanade qui entoure l'hôtel de ville : il y a des kiosques de cuisine de rue et de nombreuses chaises sur lesquelles vous pourrez vous asseoir pour manger en contemplant la vue sur la Tamise. Juste à côté, prenez place dans l'amphithéâtre **The Scoop** qui peut accueillir jusqu'à 1000 spectateurs en plein air. Tout au long de l'année, on y présente des pièces de théâtre, des prestations musicales et des spectacles de danse.
[The Queen's Walk]
⊖ LONDON BRIDGE

Les opérations-spectacles

194 À l'époque victorienne, des médecins pratiquaient ici des opérations publiques, devant les étudiants en médecine. Le **Old Operating Theatre** est le seul « théâtre opératoire » du début du XIXe siècle qui a survécu à la démolition et à la reconversion. Lors de votre visite, parcourez la section « musée », où vous en apprendrez beaucoup sur les techniques chirurgicales d'autrefois. La pièce la plus intrigante reste toutefois le vieil auditorium, au centre duquel est placée une table d'opération en bois, où les médecins pratiquaient leurs interventions chirurgicales. Comme l'anesthésie n'existait pas à cette époque, il n'est pas difficile d'imaginer les cris effroyables qui retentissaient en ces lieux... On ne peut que se réjouir de vivre à notre époque !
[9a St. Thomas St]
⊖ LONDON BRIDGE

L'œuf extraterrestre!

195

Aux abords du City Hall (voir raison 193), vous aurez une drôle de vision… On dirait qu'un extraterrestre a pondu un œuf au bord de la Tamise! **Full Stop Slipstream**, un gros œuf noir légèrement penché, est l'œuvre de l'artiste Fiona Banner (qui a parsemé la promenade de sculptures géométriques en 2003). En installant cette œuvre elliptique ici, l'artiste souhaite nous inviter à nous recueillir un moment, en silence, pour réfléchir. Faites une petite pause en observant cet œuf étonnant, puis reprenez votre route.

[The Queen's Walk]

⊖ LONDON BRIDGE

Une impressionnante sculpture nautique

196

Le **Hay's Wharf**, qui avait reçu son nom de l'ancien propriétaire des lieux, Alexander Hay, était surnommé le «garde-manger de Londres» parce que 80 % des denrées destinées à la ville étaient livrées ici. En 1987, l'endroit a changé de nom pour **Hay's Galleria** lorsque les deux grands bâtiments industriels, qui entourent l'ancien quai, ont été reliés par un toit de verre sous lequel il est agréable de se promener. Des commerces et des restaurants se sont établis au rez-de-chaussée des entrepôts convertis en bureaux. La pièce de résistance est une gigantesque sculpture nautique abstraite, *The Navigators*, installée dans l'ancien bassin maintenant asséché. Cette œuvre de bronze de David Kemp mesure 18 mètres de hauteur et commémore la grande histoire des quais commerciaux de la rive sud de Londres.

LONDON BRIDGE

Tout le monde à bord!

197 Vous ne pourrez pas manquer cet immense navire de la Marine royale, stationné en permanence sur la Tamise : il est si imposant! Construit en Irlande dans les années 1930, le **HMS Belfast**, qui transportait un équipage de 950 hommes pendant la Seconde Guerre mondiale, a joué un rôle clé lors du débarquement des Alliés en Normandie. Converti en musée flottant, le bateau est amarré à cet endroit depuis 1971. Vous pourrez circuler sur ses 9 étages et tout apprendre sur la vie à bord de cette «mini-ville» de plus de 11 000 tonnes, qui rassemble canons antiaériens, dortoirs, salle à manger, salle des machines et infirmerie. Remarquez sa superbe cloche en argent massif que vous pourrez faire sonner. Elle a été offerte au HMS Belfast par la Ville de Belfast dès sa construction, mais n'a été installée qu'une fois la guerre terminée, parce qu'on voulait éviter qu'un objet d'une si grande valeur soit perdu en mer! Je vous conseille de porter des chaussures confortables et bien ajustées lors de votre visite, car vous grimperez de nombreux escaliers très raides et des échelles. Comme le navire est immobilisé à une cinquantaine de mètres de la rive, vous serez presque au milieu de la Tamise lorsque vous marcherez sur le pont, à mi-chemin entre le Tower Bridge, la City et la région de Southwark. Un endroit idéal pour prendre de jolies photos! C'est sur ce bateau que les membres du groupe anglais Depeche Mode ont tourné le clip de *People Are People*, en 1984.

[The Queen's Walk]

⊖ **LONDON BRIDGE**

Le géant de verre

198 Il fait partie de ces nouveaux gratte-ciel qui ont transformé l'image de la ville. **The Shard** est toujours le plus haut édifice de Londres, de l'Angleterre, et même de l'Europe de l'ouest! C'est le plus futuriste des immeubles londoniens. Lui et ses voisins plus anciens forment un portrait représentatif de cette ville qui a connu toutes les époques de l'architecture. Vu d'en bas, le gratte-ciel impressionne avec ses panneaux de verre lumineux où le soleil se reflète. Mais c'est en grimpant au sommet, à l'observatoire **The View from The Shard**, que vous serez ébloui! Allez-y en plein jour pour observer la superbe vue à 360 degrés sur Londres. Devant vous se dressent la City, avec ses édifices si originaux, et la grandiose St. Paul's Cathedral (voir raison 116); et vers la droite vous verrez le magnifique

Tower Bridge. À gauche, vous aurez un superbe point de vue sur le parlement et Big Ben, tandis qu'à vos pieds vous observerez la Tamise qui zigzague entre tous ces fameux bâtiments! Il vous faudra aussi revenir au Shard un soir de week-end pour profiter de la **Silent Disco**: une soirée durant laquelle il n'y a aucun bruit d'ambiance! Vous danserez avec des écouteurs sur la tête pendant que le *deejay* «spinnera» sa musique entraînante. Vous pourrez choisir une chaîne de musique différente de celle de vos amis et bouger à votre rythme en admirant la vue spectaculaire sur la ville! [32 London Bridge St]
⊖ **LONDON BRIDGE**

Le cimetière des mal-aimés

200

Il est très touchant de s'arrêter devant le **Cross Bones Graveyard**. Ce site a été consacré à ceux qui, à leur mort, n'étaient pas dignes d'être enterrés au cimetière religieux de leur paroisse. Prostituées, sorcières et enfants illégitimes se sont donc retrouvés ici par milliers. La clôture, qui bloque l'accès au cimetière, est devenue un lieu de dévotion où les passants accrochent des rubans, des objets et des textes. Tout autour, de nouvelles tours sont érigées. Mais ce terrain, lui, est intouchable, par respect pour ceux qui y reposent. Une veillée de prières, de chants et de poésie s'y déroule le 23 de chaque mois (en début de soirée) pour honorer la mémoire de ces mal-aimés. Allez y faire un tour : émotions garanties !
[Redcross way]
⊖ BOROUGH ou LONDON BRIDGE

Le club des petits-déjeuners

199

J'adore la chaîne de restaurants **The Breakfast Club**. D'abord, son nom me rappelle le film-culte de 1985. Ensuite, bien qu'on y propose un menu pour le lunch et le repas du soir, on accorde beaucoup d'importance au petit-déjeuner, et il est délicieux ! Vous y mangerez quoi ? Des œufs, du pain grillé, des pommes de terre rissolées, du bacon, des saucisses, du sirop d'érable, des *beans*, comme au Québec ! La marque regroupe une dizaine d'établissements dans le Grand Londres. J'aime beaucoup le côté intime du restaurant de Soho [33 D'Arblay St], mais je craque pour celui de Southwark à l'aspect rétro, qui rend hommage au personnage très coloré de Pat Butcher, star du *soap opera* anglais *EastEnders* pendant plus de 25 ans. Le plafond a été entièrement peint en rose et chaque table possède sa lampe-ananas ! Le décor de chaque Breakfast Club est différent, mais ils ont une jolie chose en commun : un bout de mur où vous pourrez laisser un petit mot, une confession, une photo, une carte postale ou un objet pour témoigner de votre passage !
[11 Southwark St]
⊖ LONDON BRIDGE

L'usine de chocolat reconvertie en théâtre

201 Un théâtre s'est établi en 2004 dans l'ancienne **Menier Chocolate Factory**, l'imposante usine de fabrication de chocolat de la famille française Menier, qui avait jadis étendu ses activités jusqu'à Londres. Le fondateur de l'entreprise, Jean Antoine Brutus Menier (1795-1853), était un pharmacien de formation. Il fabriquait des médicaments à base de chocolat pour les rendre plus agréables à l'ingestion. Puis, il cessa la production de médicaments pour se concentrer uniquement sur le chocolat. En entrant dans le vieil édifice de briques, vous retrouverez l'ambiance de l'ancienne usine avec ses planchers qui craquent et ses imposantes poutres de bois. La programmation du théâtre est très variée et propose des pièces et des comédies musicales (*La Cage aux folles, Into the Woods, The Colour Purple, Funny Girl*, etc.). Avant d'assister à la pièce, passez au restaurant du rez-de-chaussée où vous pourrez goûter une bonne cuisine anglaise revisitée, et même acheter une tablette de chocolat Menier, en hommage à l'ancien propriétaire des lieux !
[53 Southwark St]
⊖ LONDON BRIDGE

Deux autres bières !

202 C'est d'abord l'extérieur de l'immeuble qui vous séduira. Sa façade est impressionnante ! Fondé en 1867, le **Hop Exchange était une bourse du houblon,** où s'effectuaient des transactions sur cette plante qui sert à aromatiser la bière. Aujourd'hui, l'immeuble abrite les bureaux de nombreuses entreprises, mais au rez-de chaussée la bière est toujours d'actualité : vous y trouverez **The Sheaf,** une brasserie où règne une atmosphère festive ! Allez prendre une pinte et choisissez parmi les nombreuses bières artisanales de Grande-Bretagne ou d'ailleurs dans le monde. Pour accompagner votre bière, commandez le trio de mini-burgers (agneau, bœuf et porc effiloché) ou la planche de fromages et charcuteries. *Cheers !*
[24A Southwark St]
⊖ LONDON BRIDGE

Le vieux marché des gourmets

204 On le surnomme le «ventre de Londres» depuis longtemps, car le **Borough Market** est le rendez-vous des gourmands! On y vend de tout: pâtisseries, vins, poissons, viandes, fruits et produits fins de la Grande-Bretagne et de plusieurs pays. Ici, les odeurs s'entremêlent et ça donne faim! Ça tombe bien, puisque vous pourrez goûter à divers produits sur votre chemin et vous attabler pour savourer les plats du marché. Fish & chips, paella, cassoulet ou soupe asiatique, vous pourrez satisfaire votre envie du moment. Le Borough Market est un très ancien marché qui a eu plusieurs vies. Ses premières activités remontent à 2000 ans, avant même la conquête romaine (en 43 après J.-C.). Il peut donc se targuer d'être plus vieux que la ville de Londres! Ce fut aussi un marché médiéval très occupé. Mais c'est aujourd'hui que le marché est au mieux, surtout depuis les grandes rénovations du début des années 2000. Vous y verrez déambuler, devant les étals et dans les petites boutiques, une jeunesse passionnée des tendances gastronomiques, et vous y croiserez peut-être certains chefs vedettes (comme Jamie Oliver) qui y font leurs courses...
[Borough High St]
⊖ LONDON BRIDGE

Du fromage local

203 Si vous raffolez des fromages, entrez chez **Neal's Yard Dairy,** un véritable paradis pour les amateurs! Vous serez heureux d'apprendre qu'ici, les fromages de la Grande-Bretagne et de l'Irlande sont les vedettes. Plus de 57 sortes, fabriquées artisanalement dans les îles britanniques, sont offertes pour dégustation. Les propriétaires sont d'anciens artisans fromagers devenus commerçants. Ils choisissent les meilleurs produits pour leurs boutiques (la toute première est dans Covent Garden, au 17 Shorts Gardens) et ils font aussi de l'exportation. Ce sont de fins connaisseurs... Alors, laissez-les vous conseiller! Vous goûterez les meilleurs fromages en ville, dans une ambiance très conviviale.
[6 Park St]
⊖ LONDON BRIDGE

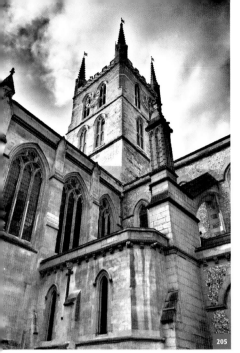

205

Une cathédrale gothique pour tous

205 Voici un témoin important de l'histoire ancienne du quartier, la **Southwark Cathedral,** plus vieil édifice gothique de Londres. C'est le lieu de culte des habitants du quartier depuis déjà plus de 900 ans. Ouverte tous les jours, vous pourrez la visiter de 10 h à 17 h. La proximité du très futuriste Shard (voir raison 198) crée un contraste architectural que l'on observe un peu partout dans la ville. Plus récemment, c'est ici qu'a eu lieu, le 7 mai 2016, la cérémonie d'investiture de Sadiq Khan, le premier maire musulman de Londres. En choisissant cet endroit, il a voulu démontrer qu'il allait être le maire de tous les Londoniens, peu importe leurs origines ou leurs croyances.
[London Bridge]
⊖ LONDON BRIDGE

Faire partie de l'équipage !

206 J'adore me balader sur les vieux quais qui bordent la Tamise. Ici, dans la section du St. Mary Overie Dock, vous pourrez admirer une réplique du *Golden Hinde,* le vaisseau de Sir Francis Drake, le tout premier capitaine à réussir le tour du monde en bateau, de 1577 à 1580 (l'expédition du Portugais Magellan avait réussi l'exploit bien avant cela, de 1519 à 1522, mais Magellan était mort à mi-chemin). Ce beau galion corsaire anglais est amarré ici depuis 1996, et vous aurez l'occasion de le visiter. Si vous souhaitez pousser l'exploration encore plus loin et que vous voyagez avec des enfants, tentez une expérience hors du commun : faire partie de l'équipage (constitué d'acteurs vêtus de vêtements de l'époque Tudor) ! Vous mangerez et dormirez à bord du bateau, apprendrez à manœuvrer les canons et à jeter l'ancre. Réservez vos places pour la **Family Overnight Living History Experience** à cette adresse : goldenhinde.com/tours.
[1 Pickfords Wharf, Clink St]
⊖ LONDON BRIDGE

206

Le pub de Shakespeare

208 En franchissant sa porte, vous entrez dans l'un des plus vieux et des plus célèbres pubs de Londres. Au XVIIe siècle, c'est au **Anchor Bankside** que William Shakespeare venait boire une bière avec ses collègues comédiens, avant ou après les représentations de ses pièces au Shakespeare's Globe (voir raison 209). Autrefois, Bankside était d'ailleurs le quartier des théâtres. En vous attablant, imaginez-vous le nombre de clients qui ont pris place entre ces murs au cours des 800 dernières années! Prenez un verre à l'extérieur en admirant la façade du pub, si jolie et colorée, tout en profitant de la vue sur la Tamise et la ville.
[34 Park St]
⊖ LONDON BRIDGE

Le mur médiéval toujours debout

207 Le **Winchester Palace** était un vaste palais qui servait de résidence à l'évêque de Winchester, homme de pouvoir et trésorier du roi, qui possédait beaucoup de terres dans les environs. Ce bâtiment comprenait une boulangerie, une boucherie, une prison (The Clink; voir raison 211) et un terrain de tennis. Plusieurs réceptions royales s'y sont tenues, de même que quelques mariages! Construit au XIIe siècle, le palais a été détruit par un incendie en 1814. Allez observer le grand mur qui tient toujours debout, impressionnant avec sa rosace encore apparente. Il nous permet d'imaginer la période médiévale dans cette partie de la ville.
[English Heritage]
⊖ LONDON BRIDGE

«Un quart de bière est un mets de roi.»
— *Le conte d'hiver*, Shakespeare,
Acte IV, Scene II

Être ou ne pas être

209 C'est au **Shakespeare's Globe** que William Shakespeare s'est autrefois installé avec sa troupe pour présenter ses pièces. Construit en 1599, le théâtre au toit de chaume a brûlé en 1613, pendant une représentation de *Henri VIII*, mais a été reconstruit et rouvert l'année suivante. Les puritains ont cependant réussi à le faire fermer définitivement en 1642, forçant les amis de Shakespeare à jouer ailleurs. C'est en 1997 que le théâtre a été reconstruit à l'identique, à 230 mètres de l'endroit où se trouvait le tout premier Globe. On a respecté les plans originaux de l'époque élisabéthaine et on a eu recours à des techniques de construction anciennes. Mais, cette fois-ci, on a ajouté des gicleurs sur le toit pour protéger le théâtre du feu! Assistez aux pièces du plus célèbre dramaturge anglais ou prenez part à une visite guidée qui vous permettra d'en apprendre beaucoup sur ce théâtre emblématique.
[21 New Globe Walk]
⊖ **SOUTHWARK** ou **LONDON BRIDGE**

Danser dans un lieu mythique!

210 Le **Ministry Of Sound** a récemment fêté ses 25 ans d'existence en tant que quartier général de la musique électronique. Il a été fondé en 1991 dans un garage d'autobus abandonné, dans le but d'accueillir les danseurs qui craquaient pour la musique House américaine. Au fil du temps, l'organisation a ouvert ses horizons en diffusant d'autres styles de musique électronique et en engageant des *deejays* et des performeurs de partout sur la planète. Ministry of Sound a aussi développé sa marque en créant un label de musique, une ligne de vêtements, des stations de radio et de télévision. Allez danser et faire la fête là où règne la sonorisation la plus puissante en ville!
[103 Gaunt St]
⊖ **ELEPHANT & CASTLE**

La prison pour un oui ou pour un non

211 Juste à côté des ruines du Winchester Palace (voir raison 207), découvrez le **Clink Prison Museum** consacré à la plus célèbre des prisons médiévales, The Clink, nommée ainsi en raison du bruit des chaînes et des portes de fer. En fonction entre les XIIe et XVIIIe siècles, la prison du palais de Winchester servait à enfermer de nombreux citoyens de la bourgeoisie pour comportements hérétiques (parce qu'ils avaient exprimé des opinions différentes de celles de l'évêque de Winchester),

mais, comme ils étaient riches, ils pouvaient soudoyer leurs geôliers pour échapper à la torture, obtenir de la nourriture et un lit plus confortable. Il y avait aussi des voleurs, des prostituées, des meurtriers et d'autres hors-la-loi dans l'attente d'un procès. Le musée tente de recréer les conditions des prisonniers d'autrefois avec des artefacts et des instruments de torture qui vous donneront froid dans le dos ! [1 Clink St]

⊖ **LONDON BRIDGE**

Dans le métro, vous entendrez continuellement l'expression « mind the gap ». C'est qu'il y a un espace (parfois jusqu'à un pied !) entre le quai et les wagons. Prenez garde de marcher dans le vide !

212

De l'art contemporain dans une usine

212 À chacun de mes séjours à Londres, je vais à la **Tate Modern** où l'on présente dans de vastes galeries la crème de la crème de l'art moderne et contemporain britannique et international. Établi depuis l'an 2000 dans une centrale électrique désaffectée, ce musée est l'un des beaux exemples de revitalisation d'immeubles anciens de la ville. La vieille salle des turbines, au rez-de-chaussée, est très impressionnante et vous donnera le sentiment d'être un Lilliputien! Dans cette partie du musée, on présente des installations spéciales et quelques spectacles de musique (le légendaire groupe électro allemand Kraftwerk y a donné une série de concerts où les spectateurs portaient des lunettes 3D pour mieux apprécier les projections). Le cabinet d'architectes qui a converti l'usine en musée est Herzog & de Meuron, celui-là même qui a conçu le stade national de Pékin (surnommé le « Nid d'oiseau ») à l'occasion des Jeux olympiques d'été de 2008. Ce sont aussi ces architectes qui ont été chargés de l'extension du musée, qui a pris la forme d'un bastion. Avec cette nouvelle annexe inaugurée en 2016, appelée Switch House, la Tate Modern atteint maintenant une superficie de 55 000 mètres carrés et compte parmi les plus grands musées d'art moderne et contemporain du monde. Elle est reliée au Tate Britain (voir raison 8) par une navette, le *Tate Boat* (payant).

[Bankside]

⊖ **SOUTHWARK** ou **LONDON BRIDGE**

South Bank et Brixton

La vie est belle sur la rive sud de Londres ! Découvrez **South Bank** et sa grande activité artistique au bord de l'eau. Marchez sur les traces de Charlie Chaplin, dans les jolis quartiers résidentiels de Lambeth et Kennington, et sur celles de James Bond dans Vauxhall. Allez aussi saluer la mémoire de David Bowie, une légende à **Brixton**.

Voir + photographier
Boire + manger
Shopping + brocante
Arts + culture
Activités + promenades

Bouillon artistique

213 Vous remarquerez à coup sûr cet immeuble Art déco de la rive sud. Le **Oxo Tower Wharf** abritait autrefois une centrale électrique, puis, en 1920, les lieux ont été convertis en entrepôt frigorifique par l'entreprise OXO qui produit les fameux cubes de bouillon de bœuf. D'ailleurs, vous pouvez apercevoir sur la tour d'immenses lettres de plus de trois mètres, qui forment le logo d'OXO. Au début du XXᵉ siècle, intégrer ces lettres dans la fenestration a été une façon ingénieuse de contourner l'interdiction d'installer des affiches publicitaires sur les immeubles de la ville. Aujourd'hui, le complexe accueille de nombreuses galeries d'art, des boutiques et des ateliers d'artistes. Montez au 8ᵉ étage de la Oxo Tower, à la galerie d'observation, pour profiter de la superbe vue sur le fleuve et la ville.
[Bargehouse St]
⊖ WATERLOO OU SOUTHWARK

L'enclave de Gabriel

214 Lors de votre promenade au bord de la Tamise (voir raison 206), vous croiserez le **Gabriel's Wharf**, une grande cour qui rassemble de nombreuses boutiques de vêtements et de décoration, et des restaurants logés derrière des façades rétro. Entrez-y ! Partout, des tables et des chaises vous permettront de manger sur place, de profiter du beau temps et d'admirer la vue sur la ville, de l'autre côté de la Tamise. C'est un lieu de rendez-vous très agréable !
[56 Upper Ground St]
⊖ WATERLOO OU SOUTHWARK

La promenade de la reine

215 Londres est une ville où il fait bon marcher, particulièrement ici, au bord de la Tamise. Le côté sud du fleuve est merveilleusement aménagé et invite à la promenade. En déambulant sur ce chemin qu'empruntent chaque jour des milliers de Londoniens, vous remarquerez, sur le sol, des insignes avec une couronne. Vous êtes sur le **Jubilee Walkway**, un trajet urbain officiel de 25 kilomètres, inauguré par la reine Elizabeth II lors de son jubilé d'argent en 1977. En suivant cet itinéraire, vous pourrez contempler les monuments les plus importants de Londres, des deux côtés de la Tamise. Cette section, appelée Western Loop (9,5 km), vous permettra d'admirer plusieurs lieux significatifs de South Bank, dont la OXO Tower (voir raison 213), le Royal National Theatre (voir raison 216), le London Eye (voir raison 218) et le Lambeth Palace (voir raison 224), tout en respirant le grand air.

⊖ WATERLOO

Beauté brute

216

Il n'a pas fait l'unanimité lors de sa construction, mais moi je le trouve très beau, le **Royal National Theater**. Cet exemple d'architecture brutaliste (aussi inspiré des immeubles de Le Corbusier, pionnier de l'architecture moderne) a même incité le prince Charles à déclarer : «Voici le moyen le plus ingénieux de construire une centrale nucléaire au cœur de Londres sans soulever d'objections!» À l'intérieur de l'immeuble à l'allure de bunker se trouve un centre artistique très réputé où l'on présente des classiques du théâtre, des pièces contemporaines et des comédies musicales. Lors d'une visite guidée, vous verrez les coulisses du théâtre, les salles de répétition et le département des costumes. Il y a toujours du remue-ménage ici, puisqu'on y produit une vingtaine de spectacles par année. En sortant, promenez-vous sur les magnifiques terrasses qui s'emboîtent et font face au fleuve.
[Upper Ground]
⊖ WATERLOO

Du cirque pour les jours ensoleillés!

217

De mai à septembre, le Southbank Center devient complètement magique! C'est ici que s'installe le **Wonderground**, le plus grand festival annuel de cirque et de cabaret de Londres. Vous pouvez flâner sur le site, où règne une ambiance de foire, et prendre un verre en plein air, sur l'esplanade ou au sommet du bar de trois étages qui vous offre une jolie vue sur les environs. Si vous souhaitez voir la ville d'encore plus haut, montez à bord du Starflyer, un manège qui vous fera voler à 60 mètres dans les airs! Achetez vos billets pour assister à un spectacle de cirque dans l'impressionnant chapiteau conçu en 1920. On y présente plus de 200 prestations très originales. Vous en garderez de merveilleux souvenirs!
[Belvedere Rd]
⊖ WATERLOO

Le grand tour !

218 Le club des monuments emblématiques de Londres a accueilli un nouveau membre en l'an 2000 : le **London Eye**. Cette grande roue a été installée au bord de la Tamise pour célébrer l'arrivée du nouveau millénaire, mais elle a tellement plu aux Londoniens et aux touristes que la Ville a décidé de la conserver en permanence. Excellente idée, car elle attire 3,75 millions de visiteurs chaque année et fait maintenant partie de l'image de Londres, au même titre que Big Ben. Montez à bord de l'une de ses 32 nacelles climatisées pour faire un grand tour (environ 30 minutes), tout en douceur, en admirant l'une des plus belles villes du monde !

⊖ WATERLOO

Un peu de Berlin à Londres

219 Indiano (Jürgen Grosse), un artiste est-allemand, avait peint plusieurs sections du mur de Berlin lorsque celui-ci était encore debout. Il souhaitait ainsi transmettre des messages de paix et de protection de l'environnement. Après la chute du mur en 1989, un des 223 pans peints par l'artiste a été offert à la Ville de Londres. Vous pourrez l'admirer à la sortie de l'Imperial War Museum (voir raison 221), dehors. Une immense bouche ouverte crie avec fureur : « *Change your life.* »
[Lambeth Rd]

⊖ WATERLOO OU LAMBETH NORTH

L'ancien marécage devenu tendance

220 La rue **Lower Marsh** occupe les lieux d'une ancienne zone marécageuse (*marsh* signifie d'ailleurs « marécage »), mais rassurez-vous, cette partie de la ville est maintenant bâtie sur un sol ferme. Le **Lower Marsh Market** (A) s'y tient tous les jours. Plusieurs marchands y installent leurs stands pour vendre de la cuisine de rue, des bijoux, des vêtements ou des disques d'occasion. Arrêtez-vous au stand de **What the Butler Wore** où l'on vend des vêtements rétro où vous ferez des trouvailles très originales, directement téléportées des *swinging sixties*. Ce sont toutefois les commerces permanents qui me séduisent particulièrement, dont **Four Corners** (B) (n° 12) qui a remporté le prix du meilleur café sur les réseaux sociaux en 2015. J'adore aussi le **Scooter Caffè** (n° 132), rendez-vous des amoureux des vespas. D'ailleurs une véritable communauté d'amateurs parade régulièrement dans cette rue pour exhiber les plus beaux scooters. Prenez ensuite un café au **Travelling Through** (n° 131) tout en consultant les livres de voyage qu'on y vend. Si vous aimez le tricot, vous trouverez chez **I Knit London** (n° 106) de la laine de toutes les variétés et couleurs imaginables ! Besoin d'une petite coupe de cheveux ? Allez à la rencontre de Lucas Othman, le plus londonien des Malaisiens, chez **Lucas Othman Hair Associates** (n° 25), pour y tester les tendances capillaires londoniennes. C'est tout au bout de la rue, au n° 48, que vous trouverez l'adresse la plus ensoleillée de Lower Marsh : le **Cubana** (C), qui propose une cuisine cubaine dans un décor multicolore. Vous pourrez aussi manger dehors, sur la terrasse qui donne sur une jolie place.
🚇 LAMBETH NORTH

221 222

La guerre exposée

221 L'armée anglaise a tant combattu au cours du dernier siècle qu'un musée consacré à la guerre s'imposait pour raconter ses victoires et ses défaites... On se sent bien petit à l'**Imperial War Museum**, devant ces immenses avions, tanks et canons, bien réels sous nos yeux... Tout l'arsenal militaire y est exposé. Avertissement aux âmes sensibles : à la fin de la visite, vous entrerez dans un espace très touchant consacré à l'Holocauste. Dans une ambiance troublante (tout à fait appropriée), on y revit les horreurs de ce terrifiant épisode de l'histoire humaine. [Lambeth Rd]
⊖ **LAMBETH NORTH** ou **ELEPHANT & CASTLE**

Faire la paix avec la guerre

222 Situé devant l'Imperial War Museum (voir raison 221), le **Tibetan Peace Garden** a été inauguré en 1999 par le dalaï-lama. Petite oasis de tranquillité, ce n'est pas un hasard si on a établi ce parc bouddhiste devant le musée de la guerre : il symbolise le peuple tibétain, stoïque et pacifique devant l'adversité. Après avoir été bombardé d'images dures au musée, recueillez-vous dans cet environnement consacré à la paix de l'esprit, et ce, même si un immense canon, devant le musée, pointe en votre direction... Soyez zen comme les Tibétains ! [St. George's Rd]
⊖ **LAMBETH NORTH**

Le pub des adieux

223 En sortant de l'Imperial War Museum (voir raison 221), vous aurez peut-être envie de boire une bonne bière pour vous remettre de vos émotions ! Rendez-vous au pub **The Three Stags** qui fait partie du quartier depuis très longtemps (1891). C'est ici que le jeune Charlie Chaplin, à 12 ans, a vu son père pour la dernière fois avant le décès de celui-ci. Cette rencontre a donné lieu à de rares démonstrations d'affection et à un beau dialogue entre le père et le fils. Le *Chaplin's Corner*, à l'intérieur de l'établissement, commémore ce moment. [67-69 Kennington Rd]
🚇 LAMBETH NORTH

Le palais de l'archevêque

224 Il y a un très joli palais à visiter au bord de la Tamise : le **Lambeth Palace**, résidence officielle du puissant archevêque de Canterbury depuis 800 ans. Parcourez les nombreuses salles officielles, le grand hall, la chapelle du XIIIe siècle, l'atrium et la crypte. Prenez aussi le temps de vous balader dans les jardins du palais, les plus vieux continuellement entretenus de Londres. L'archevêque de Canterbury est l'un des hommes les plus importants d'Angleterre, car son rang est juste au-dessous de la famille royale. C'est d'ailleurs lui qui célèbre les couronnements, les baptêmes, les mariages (plus récemment celui du prince William et de Kate Middleton) et les funérailles de la royauté anglaise.
🚇 LAMBETH NORTH

Les fous des habits

225

Ils sont beaux à voir. Elle, la flamboyante et excentrique Lady C. (Caroline Butler). Lui, le rebelle et très élancé Mark Wesley. Ensemble, ils ont fondé en 2010 **Earl of Bedlam**, une maison de couture non conventionnelle établie dans Lambeth, dont le nom est inspiré de l'ancien hôpital psychiatrique Bethlehem. « Quand on prononçait ce nom rapidement, les gens entendaient *Bedlam*, m'explique Caroline, et c'est devenu un terme utilisé pour qualifier quelqu'un ou quelque chose de fou. Baptiser notre entreprise "Earl of Bedlam" (le comte des fous) évoque notre amour pour ce qui est à la fois aristocratique et déjanté. D'ailleurs, la bourgeoisie anglaise a souvent eu un côté excentrique. Notre idée première fut de créer de jolis vêtements tout en y intégrant une touche de marginalité. »

Le rôle de chacun est bien défini dans l'entreprise. Mark, qui a suivi sa formation de patronniste, confectionne les vêtements. Il peut réaliser le plus classique des habits, mais sa clientèle le choisit souvent pour des pièces plus audacieuses. Mark prêche d'ailleurs par l'exemple : il aime porter un habit très bien coupé, simplement avec un t-shirt et des baskets. Caroline s'occupe, entre autres choses, du marketing et des communications pour la marque. Elle signe les publications et les jolies photos sur les réseaux sociaux. Ayant travaillé pour des maisons de disques, elle a côtoyé son lot d'artistes audacieux et stylés, dont Björk. Elle-même ne laisse pas sa place côté originalité, avec ses tenues toujours éblouissantes ! Si Mark confectionne les habits, c'est Caroline qui recherche les tissus, les boutons et les doublures. Je l'ai déjà accompagnée dans Savile Row, la rue des tailleurs (voir raison 29), et j'ai pu constater à quel point elle a l'œil pour dénicher les choses qui sortent de l'ordinaire. « Souvent, à l'intérieur d'un habit plus conventionnel, nous créons une doublure très originale que seulement le client peut voir. Cette doublure peut être faite sur mesure à partir de symboles graphiques, d'illustrations ou de photos fournis par le client. » Parmi leurs clients célèbres, il y a le guitariste et producteur Nile Rodgers, qui leur a donné un coup de main financier pour lancer leur entreprise, et Simon Le Bon (le chanteur de Duran Duran), qui porte souvent un t-shirt à l'effigie d'Earl of Bedlam lors d'apparitions publiques (il en portait un, d'ailleurs, lorsqu'il a remis un trophée à la chanteuse Adele, aux Brit Awards 2016).

Caroline et Mark entretiennent une grande passion pour South Bank. « Nous sommes très fiers d'être des Southbankers. La Tamise forme une frontière imaginaire entre le nord et le sud de la ville, et l'on pense souvent que le côté nord est le plus intéressant. Moi, je pense le contraire... Je vis ici depuis l'âge de 14 ans, j'ai grandi ici. J'aime y travailler. J'aime les gens du quartier. Ils nous ont toujours encouragés et ont été l'un des moteurs de notre créativité », me dit Caroline. Vous croiserez souvent Mark et Caroline à l'**Oxymoron** (78 Fitzalan St), un pub au décor très original (bien sûr !), où ont lieu de nombreuses prestations musicales. Le couple a élu domicile en face du grandiose Imperial War Museum (voir raison 221), ce bâtiment qui abritait autrefois le fameux hôpital Bethlehem qui a inspiré le nom de leur entreprise.

[5 Bedlam Mews, Walnut Tree Walk]

⊖ **LAMBETH NORTH**

226

La galerie du génie

226 La renommée de l'artiste britannique Damien Hirst lui a permis d'ouvrir sa propre galerie d'art, la **Newport Street Gallery**, où il expose ses œuvres, mais aussi celles d'artistes qu'il admire. Un des artistes contemporains les plus importants et les plus controversés d'Angleterre, Hirst a, entre autres choses, découpé en tranches une vache, un requin et un mouton, qu'il a ensuite plongés dans des caissons vitrés remplis de formol. Il a aussi pris un moulage d'un crâne humain et en a fait une réplique de platine incrustée de 8601 diamants (œuvre vendue à environ 100 millions de dollars!). Lui-même collectionneur, Hirst souhaitait permettre au public d'admirer les œuvres qu'il a acquises au fil des ans, dont des Picasso, Francis Bacon et Jeff Koons. L'accès à la Newport Street Gallery est gratuit.
[Newport St]
🚇 **VAUXHALL OU LAMBETH NORTH**

À votre santé!

227 Après avoir visité la Newport Street Gallery (voir raison 226), découvrez l'un des restaurants les plus originaux de Londres, cofondé par l'artiste Damien Hirst, qui se trouve dans le même immeuble. Le décor de **Pharmacy 2** rappelle... une pharmacie! Partout sur les murs, des étagères sont chargées de boîtes de médicaments et de pilules de toutes les formes. Rendez-vous au bar où il est inscrit *Prescriptions* pour commander votre remède préféré, alcoolisé ou pas. Sous la vitre du comptoir, vous apercevrez des gants de chirurgie, des pansements et des seringues. Appétissant, tout ça... En guise de tabouret, vous prendrez place sur des comprimés géants roses, bleus, verts ou jaunes, portant le code de tel ou tel médicament. Une petite faim? Le menu est très varié. Choisissez les pétoncles servis avec chorizo et purée de chou-fleur, le burger de crabe à carapace molle avec chou mariné et frites en julienne, ou encore le risotto à la courge et au fromage gorgonzola.
[Newport St]
🚇 **VAUXHALL OU LAMBETH NORTH**

227

L'antre des cinéphiles

228 Une impressionnante et éclectique collection consacrée au cinéma vous attend au **Cinema Museum**. Vous déambulerez dans un bric-à-brac fascinant où vous trouverez des objets qui ont marqué l'histoire du 7e art : de vieux (et très lourds) projecteurs, des marquises, des sièges de velours Art déco récupérés dans d'anciennes salles, des affiches et des photos des années 1940, 1950, 1960... L'histoire du bâtiment est liée à celle du petit Charlie Chaplin qui y trouva refuge à l'époque où il s'agissait d'un hospice. Vous pouvez imaginer qu'admirer sur les murs les affiches hollywoodiennes de ses films prend un tout autre sens ici ! Montez à l'étage, dans une grande salle qui invite à la fête. Vous pourrez y regarder des films anciens, assister à des conférences sur le cinéma ou prendre un verre, tout simplement. À ta santé, Charlie ! Réservez une visite guidée à cette adresse : info@cinemamuseum.org.uk.
[2 Dugard Way]
⊖ KENNINGTON

Pour boire et pour voir

229 Le **White Bear** abrite à la fois un pub de quartier et le petit théâtre expérimental **White Bear Theatre** où l'on présente des classiques revisités et des créations. Établi depuis 1780 dans un joli immeuble, le pub surprend par son décor vraiment chaleureux. Partout, des banquettes, des divans et de petits coins salons. Vous pourrez également prendre place dans un confortable fauteuil pour vous réchauffer près de l'un des foyers, comme à la maison. Les murs sont tapissés d'illustrations et de photos des personnalités qui ont marqué le quartier de Kennington, dont, bien sûr, Charlie Chaplin. Au cœur de ce charmant pub se trouve le comptoir d'origine où vous pourrez commander votre bière. Et si vous voyagez avec votre chien, sachez qu'ici ils sont les bienvenus et qu'on leur servira une gamelle d'eau fraîche.
[138 Kennington Park Rd]
⊖ KENNINGTON

Les débuts de Charlot

231 Le personnage le plus célèbre de Kennington est sans contredit Charlie Chaplin. Celui qui est devenu l'une des plus grandes figures du cinéma muet a passé sa petite enfance au **39 Methley Street**. Malheureusement, ce ne fut pas une période heureuse. La famille de Charlie y vivait dans l'extrême pauvreté : son père était alcoolique et sa mère, qui était chanteuse, souffrait de troubles mentaux. C'est en souhaitant aider celle-ci à gagner plus d'argent que le petit Charlie a développé son talent légendaire. Lors des spectacles de sa mère, il montait sur scène pour divertir les spectateurs, les faire rire et les encourager à leur jeter plus de pièces de monnaie ! Puisque ses parents se sont séparés alors qu'il avait à peine 5 ans, Charlie a quitté la maison et a été ballotté d'un hospice à l'autre. Mais c'est en arpentant les rues du quartier de son enfance et en observant ses résidents que Charlie a forgé son caractère et imaginé ses propres personnages.
⊖ **KENNINGTON**

Le club des photographes

230 **The Camera Club** est l'un des plus anciens clubs de photographie du monde. Il a été fondé en 1885 dans le but de faciliter les rencontres et les échanges entre les photographes, et de leur donner accès à des studios et à des chambres noires. Aujourd'hui, on y propose encore des rencontres et des expositions d'images captées par les photographes les plus en vue. L'association s'est installée dans cette ancienne usine de cornichons, où le père de Charlie Chaplin travaillait autrefois. [16 Bowden St]
⊖ **KENNINGTON**

À Londres, une maison est un « pad » et un appartement, un « flat ». Un colocataire est donc un « flatmate » !

Un goût de l'Inde

232 SI vous aimez la nourriture indienne, voici l'adresse incontournable de la rive sud de Londres! Le **Kennington Tandoori**, ou «**KT**», propose depuis 32 ans une cuisine indienne contemporaine assaisonnée de leurs succulents mélanges d'épices faits sur place. C'est aussi le restaurant des politiciens. En juillet 2016, avant de quitter définitivement son poste à la suite du référendum sur le Brexit, l'ancien premier ministre britannique David Cameron a commandé des plats du KT pour son dernier repas au 10 Downing Street (voir raison 2). Un jour, au parlement, lors d'une séance houleuse, le président de la chambre a lancé: «Du calme! Quand vous mangez au Kennington Tandoori, vous ne criez pas à travers la table!» Goûtez au Spicy Goan Lamb Curry, un de leurs plats emblématiques, inspiré de la cuisine de la région de Goa. Vous pourrez aussi profiter de leurs excellents brunchs et commander des œufs à l'indienne!
[313 Kennington Rd]
⊖ KENNINGTON

Café, livres et soleil!

233 J'adore ce petit café ensoleillé et très coquet où la couleur jaune domine!
Au **Vanilla Black Coffee & Books**, la machine à café, les chaises et les murs sont d'un jaune vif qui vous met de bonne humeur, même lors des journées grises à l'anglaise. En prenant possession des locaux d'une ancienne librairie, les propriétaires ont décidé de continuer à vendre des livres et ont garni les étagères de nouveaux titres. Tout en bouquinant, vous pourrez déguster sandwichs, quiches, salades, muffins et tartelettes portugaises (*pasteis de nata*). Descendez aussi au sous-sol où l'on présente des expositions et des conférences, ou attablez-vous sur la jolie terrasse, dans la cour, où vous pourrez faire le plein de soleil!
[308 Kennington Rd]
⊖ KENNINGTON

Souvenirs de France

234 Cette boutique renferme des trésors ! **The Boule-In** a été fondée par un couple anglais qui a vécu plusieurs années en Provence et qui a eu envie d'en rapporter quelques jolis objets antiques qui faisaient partie de leur quotidien français. Chandeliers, bouteilles, assiettes, nappes, chaises, vous y trouverez des pièces charmantes au style champêtre. C'est l'endroit parfait où acheter un petit cadeau à votre famille ou à vos amis, ou pour gâter vos hôtes anglais !
[16 Windmill Row]
⊖ OVAL ou KENNINGTON

Shooter !

235 Pour visiter la distillerie **Beefeater**, il faut avoir l'âge légal pour boire de l'alcool ! Fabriqué de façon artisanale depuis le XIXe siècle et toujours selon la même recette, le gin Beefeater est le plus réputé du monde. Son nom rend hommage aux gardes de la Tower of London (voir raison 129) et toute la production mondiale est fabriquée ici, à Kennington. Pour la première fois depuis 150 ans, la distillerie ouvre ses portes aux amateurs de cette boisson légendaire. Allez découvrir les secrets de sa fabrication et, bien sûr, en prendre un petit verre !
[20 Montford Pl]
⊖ OVAL

Le grand ovale

236 Tout près d'étranges structures métalliques (voir raison 237), vous pourrez admirer **The Oval**, un grand stade de renommée internationale, qui a accueilli la première Coupe d'Angleterre de soccer en 1872 ! Bien qu'on y présente différentes disciplines sportives, cette enceinte est surtout réservée aux compétitions de criquet, sport culte chez les Anglais depuis 1880. En visitant les lieux, vous en apprendrez davantage sur le Surrey County Cricket Club et sur ce stade de plus de 24 000 places. Visitez les vestiaires, la salle de presse, et admirez la vue sur Londres depuis la terrasse, en hauteur.
[Harleyford St]
⊖ OVAL

Tout ce qui monte...

237 Tout juste à côté de la distillerie Beefeater (voir raison 235), vous apercevrez de curieuses structures métalliques imposantes, dont la fonction est difficile à déterminer... Il s'agit des **Oval Gasholders**, des réservoirs de gaz de l'époque victorienne. Ils font partie des éléments qui donnent un cachet particulier au quartier de Kennington. Les gazomètres à colonnes entourent des cloches télescopiques qui s'élèvent quand elles se remplissent de gaz, puis redescendent quand elles se vident. Empressez-vous de photographier ces réservoirs atypiques, car il en reste très peu à Londres. Ces témoins de la révolution industrielle sont voués à la destruction...
[Montfort Pl]
⊖ OVAL

Le parc du plaisir

238 À première vue, **Vauxhall Gardens** ressemble aux autres parcs de Londres. Il a toutefois une belle histoire. Désigné comme l'un des tout premiers *pleasure gardens* (jardins d'agrément), c'était un haut lieu de divertissement du XVII⁰ au XIX⁰ siècles. Les Londoniens venaient s'y balader dans leurs plus beaux atours, assister à des concerts, à des pièces de théâtre, à des feux d'artifice, à des spectacles de cirque et même à l'envol de montgolfières. On y célébrait les fêtes nationales, les couronnements et les victoires militaires. L'endroit était bien structuré et d'une grande beauté. S'y multipliaient les beaux monuments, les jolis sentiers et les petites alcôves privées. Son concept a été maintes fois reproduit à travers le monde. Même s'il est plus modeste aujourd'hui, allez vous y promener, prendre le thé et assister à une pièce au Tea House Theatre [139 Vauxhall Walk]
🚇 VAUXHALL

Le QG de James Bond

239 Ici, on plonge dans l'univers de James Bond. Vous avez aperçu plusieurs fois l'immeuble du MI6 dans les films de l'agent 007. Il a même été détruit au grand écran ! Mais rassurez-vous : le **SIS Building**, qui abrite les services secrets britanniques, est en parfait état. Ce bâtiment colossal, clôturé, est intimidant et intrigant... Le message est clair : n'y entre pas qui veut (il faudra vous contenter d'une photo de l'extérieur !). Pendant que vous observez le MI6 à travers les grilles, les nombreuses caméras fixées à l'immense barrière vous espionnent. Souriez ! [85 Albert Embankment]
🚇 VAUXHALL

240

All day and all of the night!

241 Installée à la sortie de l'importante station de train et de métro Vauxhall, la brasserie **Counter**, une institution dans le quartier, accueille les clients depuis tôt le matin jusqu'à tard en soirée. Quand je vais y chercher mon thé le matin, j'y croise plusieurs personnes qui dévorent leur petit-déjeuner avant de s'engouffrer dans le métro. Après le boulot, ils sont nombreux à venir y prendre une bière, rejoints ensuite par ceux qui viennent manger et danser en fin de soirée. Tout au long de la journée, l'atmosphère se métamorphose. Il n'y a pas que l'horaire du Counter qui est séduisant : ce joli établissement a été construit sous une arche du chemin de fer et son design très original est qualifié d'« Art déco disco » par les propriétaires. Offrez-vous les boulettes de macaroni au fromage en entrée et la courge grillée avec riz rouge, noix de pin et sauge comme plat principal. Délicieux ! [50 S Lambeth Pl]
⊖ VAUXHALL

Londres à vélo

240 Londres a été parmi les premières villes du monde à adopter le système de vélos en libre-service conçu au Québec par PBSC Solutions Urbaines. Si dans la Belle Province on les appelle BIXI (bicyclette-taxi), à Londres, les **Santander Cycles** sont surnommés les *Boris Bikes* parce qu'ils sont arrivés sous le règne de Boris Johnson, maire de la ville de 2008 à 2016. Vous trouverez facilement une monture, puisque 13 000 vélos sont en circulation dans la capitale et que les 839 stations sont situées à des endroits très stratégiques, souvent près des bouches de métro. Soyez prudent et, surtout, souvenez-vous de rouler du bon côté de la rue !

241

Chez l'antiquaire

242 **Brunswick House**, une magnifique résidence de l'époque georgienne, construite en 1758, a appartenu brièvement au duc de Brunswick au début du XIXᵉ siècle. Entièrement restaurée, elle abrite aujourd'hui de nombreuses antiquités vendues par la compagnie LASSCO. Bien que l'endroit ressemble à un musée, ici tout est à vendre, du meuble ultra-cher au petit objet abordable. Visitez chaque pièce de cette magnifique demeure : tout y est disposé comme si des gens vivaient là ! Après avoir chiné un brin, passez au joli bistro du rez-de-chaussée. Une charmante ambiance y règne. Encore ici, tout est à vendre. Ne vous étonnez donc pas si l'on décroche la lampe au-dessus de votre table ! La maison Brunswick est la seule de l'époque georgienne dans ce secteur en pleine métamorphose. En effet, elle survit depuis des siècles au pic des démolisseurs. Les promoteurs immobiliers, eux, l'entourent de tours modernes, ce qui la fait ressortir du paysage et la rend encore plus précieuse !
[30 Wandsworth Rd]
⊖ VAUXHALL

Une murale pour un dieu

243 Lorsque David Bowie est décédé, le 10 janvier 2016, cette murale réalisée en 2013 par l'artiste australien James Cochran est devenue le lieu de rassemblement spontané de milliers de fans en deuil. Ils se sont retrouvés ici, devant l'image de leur idole peinte sur le mur d'une boutique, pour chanter en chœur ses plus grands succès. David Bowie était la fierté de Brixton, parce qu'il naquit et vécut ici, et ce lieu de recueillement sera protégé et entretenu par la Ville. Lors de votre passage, vous y croiserez des admirateurs de la star, qui déposent des fleurs ou des lettres. Y laisserez-vous aussi quelque chose ?
[Tunstall Rd]
⊖ BRIXTON

Une salle de concert mythique

245 Installé dans le quartier depuis 1929, le **02 Academy Brixton** a souvent changé de nom au cours du dernier siècle. D'abord appelé Astoria, le magnifique immeuble abritait des salles de cinéma. À partir des années 1980, alors nommée Brixton Academy, la salle est devenue l'un des endroits chouchous pour assister aux spectacles des meilleurs groupes de musique. Parmi les artistes qui s'y sont produits, il y a The Clash, Massive Attack, Bob Dylan, Madonna, Rihanna et les Foo Fighters. Je vous souhaite d'assister à un spectacle dans cette salle mythique pendant votre séjour!
[211 Stockwell Rd]
⊖ BRIXTON

C'est électrique!

244 En 1983, Eddy Grant évoquait cette rue dans sa chanson Electric Avenue. Très ancienne rue commerçante de Brixton, elle a été appelée ainsi et rendue célèbre parce qu'elle a été l'une des toutes premières d'Angleterre à bénéficier de l'éclairage à l'électricité. À l'époque, sur cette avenue de shopping très chic (l'équivalent d'Oxford Street sur la rive sud), de très jolis auvents protégeaient les passants des intempéries. Endommagés durant la Seconde Guerre mondiale, ils ont dû être retirés. La rue a donc un aspect plus modeste et moins élégant aujourd'hui, mais son importance dans le quartier est toujours très grande. La preuve, dans le cadre d'un programme de revitalisation, on y a installé une nouvelle enseigne lumineuse géante dont les lettres forment les mots *Electric Avenue*. C'est le chanteur Eddy Grant qui a eu l'honneur, à l'automne 2016, de l'allumer au son de sa fameuse chanson!
⊖ BRIXTON

Un marché pour tous !

246 Pour manger à bon prix à l'un des endroits les plus courus de Londres, rendez-vous au **Brixton Village**. C'est un lieu bigarré, étonnant et délicieux, devenu très à la mode, où se côtoient le passé et le présent. Les communautés africaine et caribéenne y sont présentes depuis des années et proposent des plats typiques, en plus d'y tenir des stands de poissons, de viandes et d'objets éclectiques. Depuis quelques années, les lieux ont été investis par les jeunes *foodies* qui viennent découvrir les nombreux (et jolis) cafés et restaurants qui se multiplient. Vous pourrez y découvrir une cuisine internationale, selon votre humeur du moment (thaïlandaise, indienne, chinoise, italienne, etc.). Il est très agréable de se promener sous les verrières de ce marché couvert qui date du début du XXe siècle. Ici, vous prendrez le pouls du quartier et observerez la complicité bien réelle qui règne entre les résidents venus de différents horizons.
[Coldharbour Ln]
⊖ BRIXTON

La tournée Bowie

247 À Brixton, un autre arrêt incontournable pour les fans de David Bowie est sa maison d'enfance, au numéro 40 de Stansfield Road. Le chanteur y a vécu pendant 6 ans, de sa naissance en 1947 jusqu'en 1953. Cette demeure est l'une des étapes d'une nouvelle visite guidée, le **David Bowie Musical Walking Tour**. Le long du circuit, vous aurez l'occasion d'entendre (et de chanter) certaines de ses meilleures chansons : *Starman*, *Life On Mars*, *Ashes To Ashes* et *Heroes*. Vous découvrirez aussi d'autres lieux marquants de son enfance à Brixton, comme son école primaire. Départ à la station de métro Brixton. Achetez vos billets sur ce site : bowietourlondon.co.uk

Battersea, Chelsea, Kensington, Knightsbridge et Notting Hill

Découvrez le quartier de **Battersea**, développé autour d'une célèbre usine en pleine métamorphose. Visitez **Chelsea**, qui a vu naître les Rolling Stones et le mouvement punk britannique. Baladez-vous dans le chic quartier de **Kensington** où ont vécu la princesse Diana et Winston Churchill. Visitez les musées grandioses de **Knightsbridge** et parcourez la célèbre Portobello Road, au cœur du secteur coloré de **Notting Hill**.

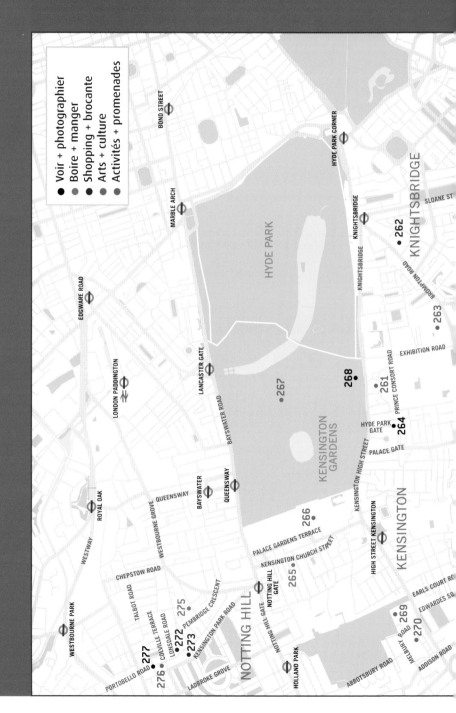

Voir + photographier
Boire + manger
Shopping + brocante
Arts + culture
Activités + promenades

Une usine célèbre

248 Le **Battersea Power Station**, plus grande structure en briques d'Europe, est l'un des immeubles les plus célèbres de Londres. Cette centrale électrique au charbon, qu'on a aperçue dans le film *Help!* des Beatles, a aussi été en vedette sur la pochette de l'album *Animals* de Pink Floyd, paru en 1977 (on y voit un immense cochon rose qui vole entre deux cheminées). Il y a tout un branle-bas autour de l'ancienne centrale depuis quelques années : un mégachantier fera naître un gigantesque complexe de condominiums et d'immeubles à bureaux hyper-design, en plus de transformer la centrale elle-même (Apple s'y installera et occupera plus de 46 000 mètres carrés sur 6 étages !). La réinvention de ce bâtiment légendaire est l'œuvre d'un duo d'architectes géniaux : Norman Foster, le concepteur du Gherkin (voir raison 123), et le célèbre Canadien Frank Gehry. Avec l'arrivée des nouveaux occupants et l'ouverture des nombreux cafés, restaurants et commerces, on assiste en ce moment à la naissance d'un nouveau village au cœur de Battersea !
[188 Kirtling St]
≥ **BATTERSEA PARK**

Le parc zen

249 **Battersea Park**, un très beau parc de 83 hectares au bord de la Tamise, est le paradis des joggeurs! Nombreux aussi sont ceux qui le traversent en marchant pour rentrer à la maison après leur journée de travail. Ce lieu de passage, paisible à souhait, vous permettra de vous aérer l'esprit tout en admirant de nombreuses espèces d'oiseaux et de papillons. Le trésor du parc est la **Peace Pagoda** (A), une pagode offerte à la Ville dans les années 1980 par une communauté de bouddhistes japonais qui prône la paix et la non-violence dans le monde. Leur mentor, Gurushi, bouleversé par l'explosion des bombes nucléaires à Hiroshima et à Nagasaki en 1945, a souhaité qu'on érige 80 pagodes à travers le monde pour inciter les peuples à protéger leurs citoyens. Montez les marches de la pagode pour contempler les statues dorées de Bouddha à différents stades de sa vie et pour admirer la vue sur le quartier de Chelsea, de l'autre côté de la Tamise.
≥ BATTERSEA PARK

Get into the Grove

250 Il y a tant de choses à faire au **Grove**! Cet endroit est d'abord un restaurant où le burger est en vedette. Vous pourrez choisir celui qui vous fera le plus saliver parmi la vingtaine de propositions, dont The Big Fat Greek et The Full Napoleon. Si la température le permet, allez manger dans la cour, sur une table de pique-nique. Êtes-vous musicien ou humoriste? Si oui, réservez une case horaire et l'on vous donnera l'occasion de vous produire devant un auditoire. Vous pourrez également vous dégourdir les jambes et danser sur la musique du *deejay* maison ou sur celle de nombreux artistes qui viennent y donner des spectacles.
[279 Battersea Park Rd]
≥ BATTERSEA PARK

249 A

Vol au-dessus de la ville

251 Pour admirer Londres du ciel, montez à bord d'un appareil de **London Helicopter** ! L'embarquement a lieu au bord de la Tamise, au London Heliport, le seul héliport commercial de la capitale. L'hélicoptère vous emmènera au-dessus de la Tamise en faisant un aller-retour fascinant jusqu'au O2 Arena (voir raison 171). Vous survolerez des monuments emblématiques de Londres, dont Big Ben (voir raison 3), St. Paul's Cathedral (voir raison 116), le Shard (voir raison 198), et de nombreux ponts, dont l'extraordinaire Tower Bridge (voir raison 130). Vous vous sentirez un peu comme James Bond qui pourchasse ses ennemis dans les airs ! Et, croyez-moi, la ville est vraiment belle, vue d'en haut... Ce n'est pas donné, mais si vous aimez les sensations fortes et voir les choses d'un autre point de vue, cette activité est pour vous !

[The POD Building, Bridges Ct]
≋ **CLAPHAM JUNCTION**

Se laisser séduire par le Troubadour

252 Ce café, qui a ouvert ses portes en 1954, était au départ le rendez-vous des intellectuels, des poètes et des Londoniens politisés. Avec sa petite salle de spectacle au sous-sol, le **Troubadour** est aussi un lieu important dans l'histoire du rock. Bob Dylan y a donné son tout premier concert à Londres. Paul Simon, Sammy Davis Jr., Jimi Hendrix et Elton John y ont tous joué. Entrez pour admirer les musiciens de la relève ou (qui sait ?) une superstar qui a spontanément eu envie de roder ici son nouveau spectacle !
[263-267 Old Brompton Rd]
⇌ EARL'S COURT

Les colocs du rock

253 À leurs débuts, trois Rolling Stones (Mick Jagger, Keith Richards et Brian Jones) vivaient en colocation au **102 Edith Grove**. L'appartement de Chelsea a donc vu les membres du légendaire groupe gratter leurs guitares et donner naissance à leurs premières compositions. Dans le cadre de l'exposition itinérante *Exhibitionism*, consacrée à la carrière du groupe, j'ai pu voir la reconstitution à l'identique de ce fameux logement et de son... joyeux bordel ! Dans cet appartement miteux, il y avait de vieux fauteuils défoncés, des lits simples jusque dans le salon, une cuisine jonchée de vaisselle sale, des bouteilles de bière et des cendriers débordant de mégots, partout... Ni le luxe ni l'organisation n'y régnaient ! Mais c'est là qu'ont émergé les premières idées marquantes du plus grand groupe de rock'n'roll du monde. Vous ne pourrez pas visiter l'appartement du 102 Edith Grove, puisqu'il n'est pas devenu un musée, mais vous pourrez toutefois recréer l'une des nombreuses photos des Stones prises devant l'immeuble qui les a abrités en 1962 et 1963.
⊖ FULHAM BROADWAY

En 1974, David Bowie, qui a vécu dans le quartier de Chelsea [89 Oakley St], a peint l'intérieur de sa maison tout en noir pour se mettre dans la peau des mineurs qui étaient en grève cette année-là !

Le laboratoire punk de Vivienne Westwood

254 En franchissant le seuil de la boutique **Worlds End**, vous entrez dans l'histoire du mouvement punk londonien. Lors d'un voyage à New York dans les années 1970, l'artiste et imprésario Malcolm McLaren (qui possédait alors la boutique) a été très inspiré par le look du chanteur américain Richard Hell et par la formation *The New York Dolls*. De retour à Londres, McLaren a récupéré leurs idées afin de façonner l'image des Sex Pistols dont il gérait la carrière. Sa compagne de l'époque, la jeune designer Vivienne Westwood, a créé les tenues des membres du groupe, ajoutant ici et là épingles, fermetures éclair, colliers de chien et images faites au pochoir. La mode punk britannique était née, et son quartier général était cette boutique. Depuis, la marraine du punk a fait bien du chemin et s'est construit tout un empire en devenant l'une des plus grandes figures de la mode britannique. Ses collections sont très attendues chaque année, et elle possède une soixantaine de boutiques à travers le monde, dont plusieurs à Londres. Celle que je préfère, toutefois, est celle-ci, où tout a commencé. Le décor est semblable à celui de l'époque, et les grandes horloges (une à l'extérieur, l'autre à l'intérieur) y sont toujours. Leurs aiguilles tournent encore à l'envers, comme pour nous ramener à l'époque où cette grande dame a fait ses débuts, lors de la naissance du mouvement punk ! [430 King's Rd]

⊖ **FULHAM BROADWAY**

255 256

Des tables à deux étages

255 Oui, on mange une excellente nourriture italienne au **Buonasera at The Jam**, mais j'avoue que c'est le décor qui m'enchante particulièrement. Vous aurez le sentiment d'être au croisement d'un restaurant, d'une chambre d'enfant et d'un terrain de jeu. C'est que les banquettes de bois sont construites sur deux étages et que vous devrez grimper pour vous asseoir en haut! Ces structures ingénieuses ont permis à l'établissement de doubler le nombre de places dans un espace exigu. Les serveurs, eux, doivent faire preuve d'agilité pour escalader les échelles et servir les clients qui ont choisi les places surélevées. Et vous, attention au petit Limoncello de trop, la descente peut être ardue!
[289 King's Rd]
⊖ **SOUTH KENSINGTON**

Magnifiques arbres en fleurs

256 Au printemps, l'une des choses qui m'enchantent quand je me promène dans les rues de Londres est la multitude et la beauté des arbres en fleurs devant les maisons. Cerisiers, magnolias, hibiscus... À la fin de la saison, un magnifique tapis de pétales blancs, roses ou mauves se forme sur les trottoirs. L'omniprésence de ces arbres fleuris rend les quartiers résidentiels encore plus charmants et vous fera oublier que vous êtes au cœur d'un immense centre urbain!

Mangez dans une des plus belles maisons du quartier!

257 Cette superbe maison a été construite en 1850 par Samuel Phene, un philanthrope de l'époque victorienne, qui souhaitait créer un établissement où les locataires et les domestiques des environs pourraient aller boire un verre. L'endroit a été complètement rénové et est devenu, depuis quelques années, l'un des établissements les plus populaires de Chelsea : **The Phene**. On peut y croiser des célébrités dont, entre autres, l'acteur Hugh Grant. Le lieu, très vaste, comporte des pièces aux ambiances diverses. Il y a d'abord un pub chic, décoré d'étagères chargées de livres, où vous pourrez commander une bière locale. Pour manger, on vous dirigera vers l'une des salles magnifiquement décorées. Commandez la soupe d'artichauts de Jérusalem avec huile de truffe, sauge et graines de citrouille. Ensuite, je vous suggère les cannellonis de patates douces farcis de dattes et de pistaches, accompagnés d'une purée de pommes et de panais. La carte des vins est vaste et vous y trouverez une trentaine de suggestions au verre. À l'étage, vous découvrirez des salons feutrés. Mais la pièce de résistance du Phene est à l'extérieur. J'adore la très jolie terrasse aux meubles de jardin confortables (il y a même quelques chaises suspendues !). Vous pourrez y flâner des heures, puisque la terrasse est chauffée. On vous prêtera même une petite couverture si la température est fraîche !

[9 Phene St]
⊖ **SLOANE SQUARE**

Le musée de la relève

258 L'émerveillement commence avant même d'entrer dans la **Saatchi Gallery**. Ce musée d'art contemporain est installé à l'intérieur du Duke of York's Headquarters, une ancienne école pour les enfants des veuves de guerre. L'immeuble est très beau et le parc, juste devant, invite à la promenade. La Saatchi Gallery a été fondée en 1985 par le philanthrope et collectionneur Charles Saatchi qui souhaitait au départ y présenter sa collection personnelle. Il voulait aussi profiter des lieux pour offrir une vitrine à des artistes inconnus. Vous admirerez ici des œuvres que vous ne verrez nulle part ailleurs et découvrirez peut-être le futur Damien Hirst !

[Duke of York's HQ, King's Rd]
⊖ **SLOANE SQUARE**

Un personnage haut en couleur

259 Un personnage fabuleux se pavane dans les rues de Londres (et particulièrement dans le quartier de Knightsbridge où il vit) et je vous souhaite de le croiser! Le designer de mode **Daniel Lismore** ne passe jamais inaperçu. Bien qu'il lance régulièrement des collections de vêtements, il est surtout reconnu pour être l'homme le plus excentrique d'Angleterre. Jour après jour, il enfile des costumes spectaculaires qui rappellent les tenues anciennes des rois, des reines, des chevaliers du Moyen Âge ou des samouraïs. Son style est aussi inspiré de la tribu des Maasaï, avec qui il a vécu durant quatre mois, au Kenya. Les gens sont éblouis sur son passage (n'hésitez pas à le photographier et à prendre des *selfies* avec lui, il adore ça!). Daniel n'adhère pas à l'adage *Less is more...* Pour lui, *More is more*! Son souhait est d'abord et avant tout d'inculquer aux gens qu'ils peuvent être eux-mêmes et s'exprimer librement avec leurs vêtements. Selon lui, notre corps est un canevas et nos vêtements, les fruits de l'expression de notre humeur. Il souhaite que chacun se permette de vivre comme il l'entend, sans s'inquiéter de ce que les autres peuvent penser. Londres, qui lui permet d'être complètement lui-même, l'inspire continuellement: « C'est une capitale où la créativité est reine, dit-il. Il y a ici un grand mélange de gens

très créatifs qui vivent et travaillent dans les domaines de l'art, de la mode, de la musique, des affaires et des nouvelles technologies, et cela me plaît énormément. » En tant que grand explorateur culturel, il est très intéressé par le mariage de plus en plus fréquent entre l'art, la technologie et (même) la biologie. Peut-être le verrez-vous exhiber ses prochaines créations issues de la fusion de ces univers! Suivez son compte Instagram (@daniellismore) pour voir ses tenues spectaculaires au jour le jour et pour connaître ses déplacements!

Le royaume de Bibendum

260 Difficile de croire que ce magnifique édifice, tout en finesse et en raffinement, était autrefois un entrepôt de pneus! **Michelin House** a ouvert ses portes en 1911 pour abriter le siège social londonien du fabricant Michelin et pour entreposer plus de 30 000 pneus. Les vitraux multicolores de la façade sont les copies conformes des originaux: on les avait retirés et entreposés afin de les protéger des bombardements, pendant la Seconde Guerre mondiale, mais on ne les a jamais retrouvés! Aujourd'hui, cet immeuble mi-Art nouveau, mi-Art déco accueille un superbe magasin de meubles et d'objets design, le **Conran Shop**, où vous ferez toujours des trouvailles très originales, comme un plat de faux sushis! Vous y trouverez aussi le fameux restaurant de fruits de mer **Bibendum**. Il n'a pas été baptisé ainsi par hasard: il s'agit du nom du célèbre «Bonhomme Michelin», la mascotte de l'entreprise, que vous pouvez apercevoir sur les fameux vitraux dans toute sa bonhomie!
[81 Fulham Rd]
⊖ SOUTH KENSINGTON

Une salle de spectacle royale!

261 C'est le prince Albert qui a eu l'idée d'ériger cette salle de spectacle grandiose consacrée aux arts. Malheureusement, il n'a pas pu voir le résultat de son vivant, puisque le **Royal Albert Hall**, baptisé en sa mémoire, a été inauguré en 1871, soit 10 ans après son décès. Ce bâtiment historique, qui rappelle les amphithéâtres romains, est l'une des salles de concert les plus célèbres du monde. Pour les artistes, jouer ici est très prestigieux. Tous les styles musicaux y sont représentés, du classique au rock, en passant par le rap, la pop et l'opéra! J'y ai vu le chanteur australien Nick Cave en 2015. Sa voix caverneuse et son allure de dandy ténébreux étaient mises en valeur dans cette salle somptueuse. Parmi les autres artistes célèbres qui ont foulé les planches de cette salle mythique, mentionnons les Rolling Stones, Led Zeppelin, Bob Dylan et, plus récemment, Adele. Les Beatles y ont joué à trois reprises, de 1963 à 1965, créant chaque fois tout un émoi! Procurez-vous des billets pour vivre une soirée dans cette salle sublime. Ça vaut le coup (et le coût!).

[Kensington Gore]

🚇 **SOUTH KENSINGTON** ou **GLOUCESTER ROAD**

Le plus grand des grands magasins

262 Son nom est si évocateur ! Il représente le luxe, les traditions anglaises, l'aristocratie. **Harrods** est le grand magasin le plus célèbre du monde. Magnifique à l'extérieur, il l'est aussi à l'intérieur. C'est une adresse très importante pour la mode. Les collections de vêtements que vous apercevez sur les podiums se retrouvent toutes ici : Balmain, Gucci, Valentino, Dolce & Gabbana, Givenchy, Alexander McQueen. J'aime beaucoup, aussi, le fameux Food Hall, qui nous met en appétit avec ses étals de nourriture aménagés avec beaucoup de soin. Si tout vous semble hors de prix chez Harrods, sachez que vous pouvez très bien contempler les lieux sans rien acheter. Voici aussi une petite piste intéressante : le magasin a créé sa marque maison. Rapportez du thé, des biscuits, des chocolats ou de la confiture Harrods dans vos bagages. Ces produits sont présentés dans de très jolies boîtes et vous feront un très beau souvenir sans vous ruiner ! [87-135 Brompton Rd] ⊖ **KNIGHTSBRIDGE**

Art et dinosaures

263 Profitez de la gratuité des musées londoniens pour visiter ces deux superbes institutions situées côte à côte! D'abord le **Victoria and Albert Museum**, l'un des plus importants musées d'arts décoratifs du monde. Il compte 11 kilomètres de galeries! Vous y verrez plus de deux millions d'artefacts et d'objets décoratifs qui illustrent 5000 ans d'histoire dans ce domaine. Photographies, meubles, peintures, sculptures, céramiques, tissus, etc. Le musée a été fondé en 1852, après l'Exposition universelle de l'année précédente, afin de rendre accessibles au public les œuvres des plus grands artistes et designers. Installé dans un élégant édifice de l'époque victorienne, il a été le premier musée du monde à abriter un restaurant. Il a également été le premier à présenter la photographie en tant qu'art. Vous pourrez d'ailleurs y admirer la toute première photo de Londres, prise en 1839. Vous y verrez aussi la première carte de Noël, fabriquée à Londres en 1843. Le musée présente aussi des expositions-rétrospectives; cette année, sur l'œuvre de Pink Floyd et sur le créateur de mode espagnol Cristóbal Balenciaga.

Le **Natural History Museum** n'est pas qu'un musée. C'est aussi un immense centre de recherche où travaillent plus de 350 scientifiques qui publient plusieurs centaines d'articles par année afin d'expliquer le fruit de leurs recherches. Plus de 80 millions de spécimens y sont exposés (fleurs, papillons, ossements, fossiles, roches, insectes, etc.), couvrant 4,5 milliards d'années, soit de la formation de notre système solaire (un fragment de météorite découvert en Tanzanie) jusqu'à nos jours. Si vous êtes fasciné par les dinosaures, jetez un coup d'œil à la vaste collection de 157 spécimens dont certains sont gigantesques!
[Cromwell Rd]
⊖ **SOUTH KENSINGTON**

La maison de Churchill

264 L'ancien premier ministre britannique Winston Churchill a emménagé dans cette maison avec sa famille à la fin de la Seconde Guerre mondiale, et il y a vécu jusqu'à ce qu'il rende l'âme, le 24 janvier 1965, à l'âge de 90 ans. Depuis, **Churchill's House** est un lieu de pèlerinage pour les admirateurs de ce génial et courageux politicien qui a tenu tête à Hitler. Si sa valeur historique est grande, sa valeur sur le marché immobilier est immense! Ses récents propriétaires l'ont mise en vente à l'automne 2016 et en demandaient 23 millions de livres anglaises (près de 28 millions de dollars américains). Une fortune! Vous aurez compris qu'on ne peut pas visiter la maison... à moins d'avoir les moyens d'y emménager!
[28 Hyde Park Gate]
⊖ HIGH STREET KENSINGTON

De la bière, des fleurs et du pad thaï

265 Construit en 1750, **The Churchill Arms** est l'un des plus vieux pubs de Londres. Les grands-parents de Winston Churchill le fréquentaient au XIXe siècle, et c'est après la Seconde Guerre mondiale qu'on l'a baptisé ainsi, en hommage à l'ancien premier ministre. La mémoire de Churchill y est souvent évoquée lors de soirées thématiques où l'on danse et joue de la musique des années 1940, vêtu comme à l'époque. Le Churchill Arms est aussi le pub le plus fleuri de Londres et il remporte toujours des prix lors des concours floraux! Si plusieurs pubs servent une cuisine indienne, voici le premier pub londonien à posséder un restaurant thaïlandais entre ses murs. Un pad thaï, c'est si bon avec une bière!
[119 Kensington Church St]
⊖ NOTTING HILL

Le château de la princesse

266 Même s'il a servi de résidence officielle à plusieurs monarques, le **Kensington Palace** est vraiment identifié à Lady Di qui y a vécu pendant 15 ans. C'est entre ces murs qu'elle a élevé ses deux fils, William et Harry, et qu'elle a traversé son union tumultueuse avec le prince Charles. L'endroit a donc été le lieu de pèlerinage choisi spontanément par la population lors du décès de la Princesse des cœurs en 1997. Pendant plusieurs jours, Britanniques et touristes se sont empressés d'aller déposer des fleurs devant la grille du palais pour rendre un dernier hommage à celle qu'ils aimaient tant. Aujourd'hui, c'est son fils William qui y vit avec sa femme, Kate, et leurs enfants. Vous pouvez visiter le palais (l'un des plus beaux de Londres) sept jours sur sept, sauf à Noël. Pendant que vous y êtes, jetez aussi un coup d'œil à l'exposition *Diana : Her Fashion Story,* qui rassemble les plus belles robes de la princesse.

[Kensington Gardens]

⊖ **HIGH STREET KENSINGTON**

Une oasis de paix et de beauté

267 Marchez dans les magnifiques **Kensington Gardens** pour vous évader du chaos de la ville. Autrefois terrain privé du Kensington Palace (voir raison 266), ce site fait maintenant partie des Royal Parks of London et est ouvert à tous. Lors de votre balade, vous y apercevrez la magnifique **Serpentine Gallery** installée dans un pavillon construit dans les années 1930. Depuis 1970, on y a présenté des œuvres d'artistes contemporains prestigieux tels Andy Warhol, Jean-Michel Basquiat, Jeff Koons et Man Ray. Longez le Serpentine Lake et admirez le **Serpentine Bridge** qui unit Kensington Gardens et Hyde Park. En vous approchant du palais, vous croiserez des statues, dont une, impressionnante, de la reine Victoria. Elle a vécu ici de sa naissance jusqu'à son couronnement. Marchez sous l'arche de verdure si romantique, à côté du palais, et admirez les plates-bandes fleuries. De toute beauté !

⊖ HIGH STREET KENSINGTON

268

Un monument grandiose pour un prince dévoué

268 Juste devant le Royal Albert Hall (voir raison 261), vous découvrirez un monument très impressionnant, l'**Albert Memorial**, commandé par la reine Victoria pour honorer la mémoire de son époux bien-aimé, Albert de Saxe-Cobourg-Gotha, décédé en 1861. Il a été érigé à l'entrée des Kensington Gardens (voir raison 267) et complété en 1875 lorsque la grandiose statue dorée du prince, qui trône au cœur du monument, y a été déposée. Elle est entourée de quatre groupes statuaires qui incarnent l'expertise et la domination des Britanniques dans les domaines du commerce, du génie, de l'industrie et de l'agriculture. D'autres groupes de sculptures, tout autour, symbolisent l'ampleur et la puissance de l'Empire britannique à travers le monde. L'éléphant représente l'Asie, le taureau l'Europe, le dromadaire l'Afrique, et le bison l'Amérique. Le prince Albert a occupé les fonctions d'un roi, sans toutefois en posséder le titre, tant il était impliqué dans les affaires de l'État. Il avait un agenda bien rempli et conseillait constamment la reine Victoria qui enchaînait les grossesses (ils ont eu neuf enfants). Son apport à la monarchie et à la politique britanniques a été immense. À son départ, la reine Victoria, inconsolable, est entrée dans un long deuil très intense.
[Kensington Gardens]
⊖ **KNIGHTSBRIDGE** ou **HIGH STREET KENSINGTON.**

Le grand déménagement

269 Le **Design Museum**, consacré au design contemporain et à l'architecture, a déménagé récemment dans un bâtiment très original qui a abrité l'Institut du Commonwealth, aux abords de Holland Park. L'ancien emplacement de Shad Thames (voir raison 192) était devenu trop petit, et aujourd'hui le musée dispose d'une superficie trois fois plus grande et permet de montrer les créations des meilleurs designers sur 10 000 mètres carrés. Avant de parcourir les galeries du musée, prenez le temps d'admirer le plafond spectaculaire de cette construction très design des années 1960 !
[224-238 Kensington High St]
⊖ **HIGH STREET KENSINGTON**

Tant de beauté sous un même toit

270 **Leighton House Museum** est l'ancienne résidence-atelier d'un peintre ayant vécu au XIXe siècle, Frederic Leighton. Cette superbe demeure devenue musée est vraiment étonnante ! À l'intérieur, vous contemplerez plusieurs œuvres de Leighton (et d'autres artistes) et visiterez son atelier. Toutes les pièces de cette maison proposent une déco à couper le souffle. Mais la pièce la plus impressionnante est sans aucun doute cette salle d'influence arabe recouverte de tuiles, de mosaïques et de peintures très élaborées. Leighton, qui adorait recevoir des personnages de la haute société (même la reine Victoria fréquentait les lieux !), pouvait être fier de sa demeure ! Comme il aimait la musique, il y faisait souvent donner des concerts. Encore aujourd'hui, on invite des musiciens à se produire dans ce petit palais consacré à l'art.

[12 Holland Park Rd]

⊖ **HIGH STREET KENSINGTON**

La ruelle réinventée

271 Les **mews** sont de jolies petites ruelles pavées où il y avait autrefois des écuries en rangée, où les chevaux se reposaient après avoir circulé dans la ville. On y rangeait également les carrioles, charrettes et calèches. Le foin était entreposé à l'étage (où les domestiques dormaient...). Ces écuries étaient aménagées derrière les maisons de l'élite londonienne des époques georgienne et victorienne. À l'arrivée de l'automobile, ces espaces ont perdu leur raison d'être. Aujourd'hui, ils sont très recherchés pour les possibilités architecturales qu'ils offrent, et sont transformés en résidences, en ateliers d'artistes ou en commerces. Chaque maisonnette, repeinte d'une couleur différente, en devient très coquette. Comme les mews ne sont pas ouvertes à la circulation automobile, il fait bon y vivre ou y travailler, car l'atmosphère y est paisible et la vie s'y déroule plus lentement. Ouvrez l'œil, vous en verrez plusieurs par ici !

Une rue commerçante colorée

272 C'est l'une des rues commerçantes les plus fréquentées de Londres depuis sa construction, au milieu du XIXᵉ siècle. À l'origine, **Portobello Road** permettait aux riches résidents des quartiers avoisinants de s'approvisionner en denrées de toutes sortes. Les membres de la classe ouvrière, eux, y trouvaient facilement un emploi : travailleur du bâtiment, cocher ou vendeur au marché. Aujourd'hui encore, la célèbre rue de Notting Hill attire les résidents et les visiteurs qui raffolent des jolies boutiques colorées qui la bordent. Elle est aussi réputée pour son marché d'antiquités (le plus important du Royaume-Uni) qui envahit la rue le samedi, et où l'on peut faire des trouvailles étonnantes ! Il y a aussi des kiosques de vêtements et de disques d'occasion, qui peuvent, eux aussi, receler des trésors.

⊖ NOTTING HILL ou LADBROKE GROVE

Sir Paul, le magicien de la mode !

273 Moi, si j'étais un homme, je porterais ses tailleurs. Le designer **Paul Smith** a révolutionné la mode britannique en intégrant (à merveille) des fantaisies ou des rayures bayadères aux couleurs vives à des vêtements aux lignes plus classiques. Son style irrésistible a tout de suite séduit les hommes (et plus tard la gent féminine avec ses collections pour femmes) qui craquent pour ses vêtements hors de l'ordinaire. Pour décrire son style, il a déclaré : « C'est comme si Savile Row (voir raison 29) rencontrait Mister Bean ! »

Originaire de Nottingham, Paul a ouvert sa première boutique à Londres en 1979 et a bâti un immense empire international au cours des décennies suivantes. Vous trouverez ses collections dès votre arrivée dans la capitale, puisqu'il possède deux boutiques à l'aéroport Heathrow. Ses vêtements sont aussi vendus dans les grands magasins londoniens comme Harrods (voir raison 262), Liberty & Co (voir raison 86) et Selfridges (voir raison 34), mais l'expérience suprême est d'entrer dans l'une de ses dix boutiques ayant pignon sur rue aux quatre coins de la ville. Elles sont toutes différentes, et ma préférée est celle de Notting Hill, installée dans la magnifique **Westbourne House**, une résidence toute blanche au cœur de ce si joli quartier. [122 Kensington Park Rd ; métro : Notting Hill]

Sa ville est l'un de ses principaux moteurs : « Londres est une ville cosmopolite où l'on parle des centaines de langues différentes, plus que n'importe où dans le monde. C'est une mine d'or pour les idées. Il est impossible de ne pas être grandement inspiré et influencé en vivant ici. » Pour trouver cette inspiration, Paul aime parcourir les musées, les galeries d'art, et participer aux événements culturels : « Le British Museum (voir raison 73), la National Gallery (voir raison 102) et la Tate Modern (voir raison 212) sont parmi les musées les plus populaires de la planète et nous pouvons en profiter quotidiennement. » Son coup de cœur suprême va au Sir John Soane's Museum (voir raison 110), qu'il trouve magique avec sa collection d'œuvres éclectiques. Faites-vous plaisir en vous offrant une création de Paul Smith, même si ce n'est qu'une jolie cravate ou une paire de chaussettes. Tout est super joli !

Du beau et du bon

275 **Beach Blanket Babylon** est certainement l'un des plus beaux restaurants que j'ai vus dans ma vie! Ce lieu magique est absolument magnifique et son décor (qui rappelle, par endroits, le style de l'architecte Gaudí) est à la fois chaleureux et audacieux. Installé dans une immense maison georgienne, le restaurant propose différentes ambiances, que vous ayez envie de faire la fête au bar, de manger en tête-à-tête dans un coin tranquille, de vous asseoir entre amis sur des divans de style rococo ou de profiter des rayons de soleil à l'extérieur. Moi, j'adore manger près du feu de foyer. Je vous recommande en entrée les betteraves accompagnées de miel, noisettes et fromage bleu, puis, comme plat principal, le *crispy duck* avec sa sauce de miel, chili et mandarine, servi avec du riz au jasmin. C'est le genre d'endroit où l'on a envie de revenir souvent!
[45 Ledbury Rd]
⊖ **NOTTING HILL**

Des fleurs partout!

274 Vous remarquerez que les fleurs sont omniprésentes à Londres! En plus de les apercevoir dans les arbres (voir raison 256), dans les plates-bandes et sur les façades des maisons, vous croiserez une multitude de kiosques où l'on vend des fleurs fraîches. Que ce soit à la sortie du métro, dans un grand magasin ou au détour d'une rue, elles sont partout et vendues à bas prix. Faites-vous plaisir!

L'idole du quartier

277 En déambulant dans Portobello Road (voir raison 272), à l'angle de Blenheim Crescent, vous découvrirez une murale très colorée qui rend hommage à Joe Strummer, leader du groupe punk londonien The Clash. Il est représenté guitare à la main, en train de chanter au micro. Au-dessus de sa tête, vous lirez une de ses citations : « *Without people you're nothing.* » Joe vivait dans le quartier, et c'est ici que son légendaire groupe s'est formé. L'emplacement était donc tout indiqué pour créer une belle représentation du chanteur. La murale a été imaginée par le grand fan des Clash et collectionneur Gary Loveridge, et peinte par l'artiste Emma Harrison. Une belle façon de faire vivre le souvenir de Strummer, qui nous a quittés à l'âge de 50 ans après avoir laissé une marque immense sur l'histoire de la musique et inspiré des millions de fans.
⊖ **LADBROKE GROVE**

Le cinéma comme à la maison

276 L'**Electric Cinema**, l'une des plus vieilles salles de projection de Londres, a survécu aux bombardements de la guerre. Situé au cœur de Notting Hill, ce cinéma, construit en 1910, a été témoin de l'évolution du quartier à travers les années. Depuis la dernière restauration, on y propose toute une expérience : regarder un film dans des conditions tout aussi confortables qu'à la maison ! Vous pourrez vous installer dans un fauteuil en cuir et poser nonchalamment les pieds sur un petit pouf, ou passer au salon, à l'arrière de la salle, où il y a de grands divans et de petites tables pour manger et boire (il y a un bar dans la salle). Mais le confort suprême, vous l'expérimenterez en vous allongeant sur un des six lits doubles, dans la première rangée, et en vous couvrant d'une douce couverture... Comme à la maison, je vous disais !
[191 Portobello Rd]
⊖ **LADBROKE GROVE**

Escapades d'une journée

Le centre-ville de Londres est le point de départ idéal pour rayonner dans le Grand Londres et ailleurs en Angleterre. Le réseau ferroviaire, très élaboré et efficace, vous permettra de faire des excursions d'un après-midi aux confins de la ville, et d'une journée entière (ou plus!) **à l'extérieur**. Que vous souhaitiez marcher sur les traces de Shakespeare, de Churchill ou de la reine Elizabeth II, visiter le campus des plus grandes universités ou le haut lieu du tennis, plusieurs possibilités s'offrent à vous!

IRLANDE

296
●
LIVERPOOL

BRISTOL
●
293

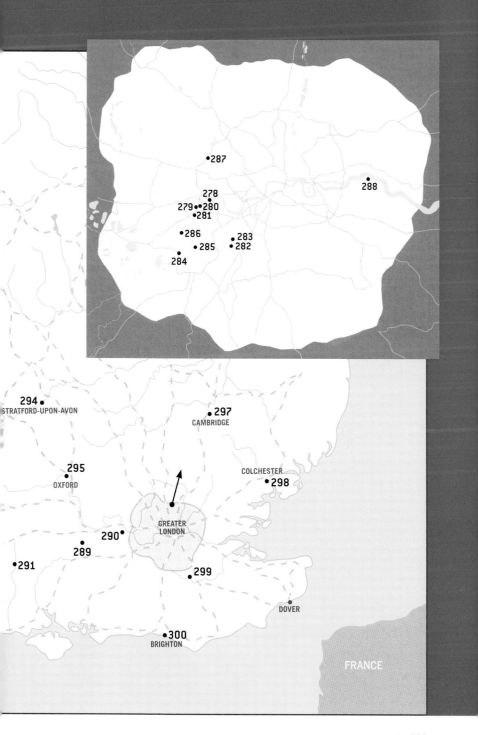

287

278
279 280
281

288

286 283
285 282

284

294
STRATFORD-UPON-AVON

297
CAMBRIDGE

295
OXFORD

COLCHESTER
298

GREATER
LONDON

290
289

291

299

DOVER

300
BRIGHTON

FRANCE

Dans le Grand Londres

La villa italienne

278 Découvrir **Chiswick House**, c'est aussi faire la rencontre d'un personnage d'envergure ! Richard Boyle, le 3ᵉ comte de Burlington, était un architecte passionné d'histoire et amoureux de l'Italie. Il admirait tellement l'architecte Andrea Palladio qu'il s'est rendu en Vénétie, au nord-est de l'Italie, pour marcher dans les traces du maître et s'inspirer des magnifiques villas que celui-ci avait édifiées là-bas. En vampirisant le style palladien, Boyle a fait construire la superbe Chiswick House. En vous baladant ici, vous serez également sur l'un des lieux où est né le mouvement paysagiste anglais. Les jardins de la maison sont conçus et entretenus selon cette tendance du XVIIIᵉ siècle, en respectant des règles précises pour l'élaboration des chemins, des bassins et des points de vue. Dès le départ, la demeure a été construite pour permettre au comte de Burlington d'y donner des réceptions et de présenter sa grande collection d'art, encore accessible aujourd'hui. Les Beatles y ont tourné des films promotionnels pour les chansons *Rain* et *Paperback Writer* en 1966. Dans ces films, en plus d'admirer les quatre membres du plus célèbre groupe du monde, on peut contempler les jardins de Chiswick et ses magnifiques statues. C'est vraiment l'un des plus beaux endroits à visiter dans l'ouest de Londres. Après la visite, allez prendre une bouchée au **Chiswick Fire Station**, un lumineux restaurant du quartier de Chiswick, installé (vous l'aurez deviné !) dans une ancienne caserne de pompiers. L'endroit a été décoré tout en douceur et de façon originale : des divans d'un rose doux sont disposés le long des murs, d'anciennes chaises de bois en rangées (qui proviennent d'une vieille salle de spectacle) entourent les tables, et des blocs de ciment créent des séparations entre les différentes sections du restaurant. Goûtez aux falafels de quinoa et d'aubergine ou aux beignets de crabe avec mayonnaise aux herbes. L'immense bar invite à la fête ! Commandez le Rhubarb Julep fait de vodka à la rhubarbe, de whisky, de compote de rhubarbe maison et de menthe. Un délice ! La terrasse est aussi très accueillante. Installez-vous confortablement dans les banquettes et profitez de ce si joli endroit ! [197 Chiswick High Rd]
⊖ **TURNHAM GREEN** (à environ 35 minutes du centre de Londres)

Un gigantesque jardin botanique

279 Dès que vous franchirez les murs de ce parc de l'ouest de la ville, vous vous sentirez transporté à l'époque victorienne, quand ce lieu féerique a été aménagé. Vous pourrez vous promener durant des heures dans les **Kew Gardens**, puisque l'endroit est immense. Les jardins sont devenus un lieu de référence important parce qu'on y trouve l'une des plus grandes collections de fleurs et de plantes au monde. Parcourez les chemins en admirant les étangs, les arbres et les plates-bandes, et visitez les bâtiments historiques. J'ai un immense coup de cœur pour la **Palm House** (A), construite pour abriter les végétaux de la forêt tropicale. Les premiers spécimens ont été rapportés dans cette majestueuse serre victorienne par les explorateurs qui voguaient vers les pays chauds. De l'extérieur, cette impressionnante structure de fer forgé rappelle la coque d'un bateau retourné. Quand on y entre, on se sent comme un Lilliputien en marchant à travers la végétation luxuriante, en gravissant les escaliers en colimaçon (B) ou en déambulant sur les coursives qui surplombent l'immense serre des palmiers. Son plafond de 19 mètres donne un beau vertige quand on le contemple d'en bas ! Après avoir admiré le ciel à travers les carreaux de verre, il est temps de passer sous terre pour visiter l'aquarium, juste au-dessous !

KEW GARDENS (à environ 40 minutes du centre de Londres)

Le repas du roi

280 À l'extrémité du terrain des Kew Gardens (voir raison 279), vous pourrez visiter le **Kew Palace** érigé au bord de la Tamise. L'élégante demeure en briques rouges a été la résidence officielle du roi George III et de sa famille. Lors de votre visite, vous aurez accès aux cuisines royales, intouchées depuis 200 ans ! Personne ne s'en est servi depuis le décès de la reine Charlotte (fille de George III), en 1818. Vous découvrirez où l'on cuisait le pain, où l'on entreposait la viande, les poissons et les épices, et de quoi étaient faits les repas du roi. L'entrée au Kew Palace (qui vaut le déplacement à lui seul) est gratuite si vous montrez votre billet des Kew Gardens.

[Royal Botanic Gardens, Kew, Richmond]

KEW GARDENS (à environ 40 minutes du centre de Londres)

280

La campagne à la ville

281 **Richmond** est un magnifique arrondissement qui fait partie du Grand Londres. C'était autrefois le lieu de résidence de la reine Élisabeth Ire (il ne reste que quelques parties de l'ancien Richmond Palace). Mick Jagger et Jerry Hall ont élevé leurs quatre enfants dans cette banlieue chic de Londres, où règne une ambiance de vacances. Il faut dire que tout y est enchanteur! Marchez dans l'immense **Richmond Park** (A) où vous pourrez admirer des cerfs en liberté, puis visitez le village, qui possède de nombreux restaurants aux terrasses magnifiques et des boutiques invitantes. Richmond est un lieu idéal pour ralentir la cadence, à quelques kilomètres du centre de la ville. Baladez-vous sur la grande promenade qui borde la Tamise, d'où vous apercevrez de jolies embarcations qui glissent sur l'eau.

Dans un ancien hangar à bateau, face au fleuve, vous découvrirez la petite boutique **Liquid Gold Cave** (B) qui propose des produits de l'île de Crète. Les Crétois font partie des peuples ayant la plus grande longévité. Leur secret se

cache-t-il dans cette huile d'olive toute dorée? Ou dans ce pot de miel au thym? Dès que vous franchirez le seuil de cette boutique, vous aurez bien envie de croire en la magie de la Crète! [Boathouse 9, St. Helena Terrace, Riverside]

Puisque vous êtes près de l'eau, prenez un bateau-taxi de la compagnie Turks (embarquement au St. Helena Pier, Riverside) pour admirer les beautés du fleuve de plus près et pour vous rendre à Kingston upon Thames (voir raison 285) ou à Hampton Court Palace (voir raison 284). Une expérience enchanteresse!

⊖ RICHMOND (à environ 45 minutes du centre de Londres)
⇌ RICHMOND (à environ 25 minutes à partir de Waterloo Station)

Wimbledon, le temple du tennis!

282 C'est à Wimbledon, au sud-ouest de Londres, que se tient le tournoi de tennis le plus prestigieux au monde, *The Championships*! Il est vraiment impressionnant de découvrir l'ampleur du **All England Lawn Tennis and Croquet Club**, où se disputent les matchs, et de connaître les secrets de ce complexe où s'affronte l'élite des athlètes de la raquette. Comment entretient-on l'herbe des courts? Pourquoi certains spectateurs préfèrent-ils regarder les matchs hors de l'enceinte, sur écran géant? Et, surtout, pourquoi affiche-t-on au tableau, jusqu'à l'année suivante, le résultat du tout dernier match? Votre visite vous permettra d'obtenir des réponses à toutes ces questions. Vous pourrez même vous asseoir dans la salle de presse, sur le siège destiné aux gagnants quand ils répondent aux questions des journalistes internationaux!

À proximité des courts, le **Wimbledon Lawn Tennis Museum** propose un parcours chronologique et interactif qui vous permet de revivre les plus belles victoires de l'histoire de ce tournoi.

McEnroe, Nadal, Navratilova, Sampras, les sœurs Williams et Federer ont leur place dans cette galerie prestigieuse. L'exposition vous dévoilera également l'évolution des trophées et des vêtements de tennis, d'hier à aujourd'hui. Les femmes portaient autrefois des robes très longues pour s'adonner à ce qui n'était à l'origine qu'un passe-temps de jardin. Que penseraient-elles aujourd'hui de toutes ces joueuses qui courent la jupette au vent? [Church Rd]

⊖ WIMBLEDON PARK (à environ 45 minutes du centre de Londres)

⇌ WIMBLEDON (à environ 30 minutes à partir de Waterloo Station)

Saviez-vous que le tout premier championnat de Wimbledon a eu lieu il y a déjà 140 ans? En effet, il a été présenté en 1877!

Un lieu de recueillement

283 Au cœur du quartier résidentiel de Wimbledon, vous pourrez visiter un trésor caché: le centre bouddhiste thaïlandais **Wat Buddhapadipa**, qui appelle à la quiétude. Vous pourrez vous promener dans ses jardins et le long du ruisseau où s'élève un joli bâtiment qui accueille les pèlerins pour la prière. Les lieux incitent au recueillement et à la promenade. Vous pourrez y passer la journée et vous y croiserez plusieurs moines bouddhistes qui séjournent sur place. Vous apercevrez peut-être la star du tennis Novak Djokovic, qui s'y rend pour méditer et se concentrer entre ses matchs à Wimbledon.

[14 Calonne Rd]
⊖ WIMBLEDON PARK
⇒ WIMBLEDON (à environ 30 minutes à partir de Waterloo Station)

Le château, le fantôme et la vieille vigne

284 Vous pouvez vous rendre à **Hampton Court Palace** en prenant le train à la gare de Waterloo, sur la rive sud de Londres. Cet immense château a été au cœur de la vie royale pendant 200 ans. Henri VIII a été le premier roi à y vivre au XVIe siècle, et la reine Caroline (reine consort de Danemark et de Norvège) a été la dernière à y habiter, jusqu'à sa mort en 1739. La famille royale a alors déserté le château, et en 1838 la reine Victoria a pris la décision de l'ouvrir au public. Depuis longtemps, une rumeur court: le palais serait hanté... La rumeur a pris de l'ampleur lorsque, en 2003, les images d'une caméra de surveillance ont montré la silhouette d'un homme (ressemblant au roi Henri VIII) qui franchit une porte. Fantômes ou pas, je vous suggère fortement de visiter ce superbe château où vous pourrez admirer des centaines de peintures, des sculptures, des meubles et des mosaïques de la collection royale! Et prenez le temps d'aller marcher dans les jardins de Hampton Court. Magnifiquement entretenus par une immense équipe, ils comportent des arbres et des plantes superbes. Le spécimen le plus célèbre est la vigne vieille de 250 ans qui donne encore de très bons raisins!

⇒ HAMPTON COURT (à environ 35 minutes à partir de Waterloo Station)

La vie de village

285

Kingston upon Thames est une agglomération du sud-ouest de Londres qui possède une histoire très importante : c'est ici que l'on couronnait les rois au Xᵉ siècle. Dans High Street, tout près du marché, on peut contempler le bloc de grès (*Coronation Stone*) qui marque l'emplacement où auraient eu lieu plusieurs sacres. Le marché, l'un des plus vieux d'Angleterre, existe depuis 1170. Il est encore bien vivant et fréquenté pour ses kiosques de nourriture et d'objets divers, ses spectacles, et pour les manifestations artistiques qui s'y tiennent lors des différents festivals. C'est le cœur incontournable de Kingston. Gardez l'œil ouvert et admirez les magnifiques maisons de style Tudor, très nombreuses dans les rues du village. Une belle façon de visiter Kingston et ses environs est de louer une bicyclette. Vous pourriez même vous rendre jusqu'à Richmond (voir raison 281) ou jusqu'au Hampton Court Palace (voir raison 284) en longeant la Tamise.

Les amateurs d'art contemporain feront une belle découverte à Kingston. On dirait qu'un géant a osé jouer aux dominos avec les célèbres cabines téléphoniques rouges, symboles visuels si importants de Londres

285 A

et du Royaume-Uni. C'est avec amusement et étonnement que vous les retrouverez ainsi, dans un tel chaos ! L'installation urbaine ***Out Of Order*** (A) est une œuvre de l'artiste britannique David Mach qui a eu l'idée d'installer 12 cabines rouges, basculées et soudées ensemble, sur Old London Road. Vous pourrez vous faire photographier devant la structure. Mais si l'envie vous prenait de l'escalader, sachez que le poste de police se trouve juste en face, ce qui devrait ralentir vos ardeurs... Et si vous désirez appeler à la maison pour donner de vos nouvelles, sachez qu'aucune de ces cabines n'est fonctionnelle. Elles sont toutes *out of order*.

�� **KINGSTON** (à environ 30 minutes à partir de Waterloo Station)

Le manoir néo-gothique de l'ouest

286 Difficile de ne pas tomber sous le charme de ce magnifique manoir néo-gothique situé à environ 40 minutes à l'ouest du centre de Londres. La **Strawberry Hill House** a été construite dans les années 1750 par l'homme de lettres Horace Walpole, fils de Robert Walpole, le tout premier premier ministre de la Grande-Bretagne. S'il a fait construire ce domaine dans le but d'abriter sa vaste collection d'œuvres d'art, le bâtiment est en soi un chef-d'œuvre architectural. D'ailleurs, la maison était déjà un musée à l'époque où Horace y vivait, tellement elle fascinait les voisins et les touristes! Pour permettre aux visiteurs de s'y aventurer librement, le maître des lieux se retirait dans une maisonnette située un peu plus loin, sur le terrain. Si la demeure éblouit par sa blancheur extérieure, l'intérieur vous émerveillera par ses murs rouges, mauves et bleu cobalt. De nombreuses réceptions ont eu lieu dans la salle de bal aux dorures impressionnantes. En vous y promenant, vous pourrez facilement imaginer ces soirées opulentes!
[268 Waldegrave Rd, Twickenham]
⇄ STRAWBERRY HILL (à environ 40 minutes à partir de Waterloo Station)

287 288

Le temple blanc

287 Londres compte une immense communauté indienne. Il est donc naturel que plusieurs temples hindous aient été construits aux quatre coins de la ville. Le plus impressionnant de tous est le **BAPS Shri Swaminarayan Mandir**. Tout blanc, il est fait de 2820 tonnes de calcaire bulgare et de 2000 tonnes de marbre italien sculpté en Inde, puis expédié à Londres en 26 300 morceaux. Ceux-ci ont été assemblés bloc par bloc (comme un jeu de Lego) afin d'ériger l'un des plus grands temples hindous hors de l'Inde. Lors de votre visite, en plus de contempler cette merveille architecturale, jetez un coup d'œil à l'exposition où l'on explique l'hindouisme et goûtez à la nourriture traditionnelle servie au restaurant du temple. Namasté.
[105-119 Brentfield Rd, Neasden]
⊖ **NEASDEN OU HARLESDEN** (à environ 35 minutes du centre de Londres)

Pump It Up!

288 Qui aurait pensé qu'on aurait envie de visiter une usine de pompage? Construite de 1859 à 1865 à l'est de Londres, la **Crossness Pumping Station**, chef-d'œuvre d'architecture victorienne, aujourd'hui désaffectée, est ouverte au public. C'est une véritable cathédrale de fer! Son décor multicolore, ornementé avec finesse, est franchement étonnant. On s'y sent davantage à l'intérieur d'un palais que dans une usine. Les quatre gigantesques pompes à vapeur d'origine, toujours sur place, sont très impressionnantes. Pour visiter ce lieu grandiose, prenez rendez-vous à cette adresse: crossness.org.uk/visit.html.
[Crossness]
⇌ **ABBEY WOOD OU BELVEDERE** (à environ 35 minutes à partir de Cannon Street Station)

Les trains sont pratiquement toujours à l'heure et le temps d'attente est indiqué sur un tableau numérique, au-dessus du quai.

Une journée à Downton Abbey

289 Si, tout comme moi, vous avez raffolé de la série télévisée *Downton Abbey*, vous serez ravi de savoir que vous pouvez visiter le **Highclere Castle**, qui a servi de décor aux intrigues! Ce luxueux château, résidence historique des comtes de Carnarvon, est légué de père en fils depuis le XVIIIe siècle. Au fil du temps, le château a changé d'aspect et est devenu particulièrement grandiose au XIXe siècle, à la demande du 3e comte de Carnarvon qui voulait «impressionner le monde». Il ne croyait pas si bien dire, puisque, aujourd'hui, des millions de personnes à travers la planète ont admiré son château à la télévision et en connaissent la grande beauté! La pierre dorée utilisée pour embellir sa façade provient de la région de Bath (voir raison 292). L'actuel propriétaire, George Herbert (8e comte de Carnarvon), vit à temps partiel au château et loue les lieux pour des tournages pour le cinéma (dont *Eyes Wide Shut*, de Stanley Kubrick) et la télé (dont *Downton Abbey*, série créée par Julien Fellowes, un ami de la famille, qui avait le château en tête lors de l'écriture du scénario). En visitant les lieux, vous entrerez dans la fiction et découvrirez le décor que vous avez vu à la télé: le grand hall et la salle où la famille Crawley se retrouve au petit-déjeuner. À l'étage, vous visiterez la chambre de Cora et celles de ses filles, Mary, Edith et Sybil. Empruntez le magnifique escalier qui mène au grand salon et admirez la sompteuse salle à manger où ont eu lieu de délicieux échanges! Le château est ouvert aux visiteurs le printemps et l'été seulement. Vous devez réserver vos billets sur le site highclerecastle.co.uk. On peut aussi le louer pour des séminaires, des conférences et des événements spéciaux. Vous marier à Highclere Castle, ça vous dit?

[Highclere Park, Highclere, Newbury]

⇌ **NEWBURY** (à environ 110 minutes à partir de Paddington Station)

La résidence chouchou de la reine

290 La reine Elizabeth II partage son temps entre plusieurs résidences. **Windsor Castle**, où elle séjourne le week-end, est son château préféré. Elle n'est pas la seule souveraine à y avoir passé beaucoup de temps, puisqu'il est le plus ancien château continuellement habité d'Angleterre. Une quarantaine de monarques ont vécu au fil des ans dans cette vaste enceinte millénaire très impressionnante. Sa construction a été commandée au XIe siècle par Guillaume le Conquérant qui souhaitait ériger des forteresses près de Londres. De château-fort médiéval, il est devenu un palais somptueux que l'on peut visiter. L'emplacement de son édification n'est pas un hasard : construit au sommet du mont le plus élevé de la région, il permettait d'apercevoir l'ennemi au loin. Aujourd'hui, de là-haut, vous pourrez admirer paisiblement la grande ville de Londres, au loin, ou le village de **Windsor**, à vos pieds, qui mérite une visite !

Bien sûr, l'activité touristique du village est très axée sur la présence de la reine que les villageois peuvent apercevoir régulièrement dans les environs, et ce, depuis qu'elle est toute petite. Si Elizabeth Alexandra Mary Windsor est la plus célèbre des résidentes, plusieurs autres illustres personnages ont vécu ici au fil des ans : le chanteur James Blunt ; le légendaire Elton John (qui s'y est même marié !) ; le guitariste de Led Zeppelin, Jimmy Page ; et le charismatique acteur Michael Caine. Le grand Shakespeare y a aussi vécu durant quelques années et y a écrit sa pièce *The Merry Wives of Windsor*. Le village regorge de lieux magnifiques et de charmantes rues où il fait bon se promener. Faites un arrêt au **Royal Shopping**, situé dans une ancienne gare de l'époque victorienne, où vous trouverez une cinquantaine de jolies boutiques et quelques bonnes tables. Ce centre commercial est situé juste en face du château de Windsor, et son toit vous permet de vous abriter du soleil ou de la pluie. Sa structure impressionnante a conservé ses atouts d'autrefois [5 Goswell Hill].

En vous baladant au bord de la Tamise, vous croiserez d'autres célébrités : les cygnes de la reine ! Ils sont nombreux et majestueux. Leur blancheur et leur long cou leur donnent une allure très élégante quand ils glissent sur l'eau. Fait étonnant : comme tous ses prédécesseurs depuis le Moyen Âge, la reine est la propriétaire de tous les cygnes d'Angleterre ! Elle est même la seule qui ait le droit d'en manger, si elle le souhaitait (ce que ses ancêtres faisaient lors de grands banquets). Vous pourrez les nourrir et les photographier, ils sont très à l'aise devant les caméras ! Ces cygnes sont toutefois très bien surveillés et protégés. Chaque été, on les recense. On les mesure, on les pèse, et on contrôle leur état de santé. Enfin, le garde officiel de la reine, qui est aussi responsable des précieux oiseaux, leur met un anneau de métal à une patte, sur lequel est gravé un numéro. Remis à l'eau, les cygnes peuvent poursuivre leur opération de séduction...

≫ **WINDSOR & ETON CENTRAL** (à environ 40 minutes à partir de Paddington Station)

Le cercle préhistorique

291 Après avoir découvert l'héritage de multiples époques dans la seule ville de Londres, explorez maintenant la préhistoire en vous rendant à **Stonehenge**, dans le comté de Wiltshire. Ce lieu fascinant, dont l'origine remonterait à 3000 ans av. J.-C., marque notre imaginaire. Des pierres gigantesques ont été transportées sur plusieurs kilomètres pour former des structures circulaires. Malgré un siècle de recherches et d'analyses, la signification de cet ensemble n'est pas claire. Était-ce un temple destiné aux druides? Un calendrier solaire? Un lieu où l'on vénérait les ancêtres? Ne pas connaître sa signification n'enlève rien à la fascination que vous ressentirez en explorant cette merveille, bien au contraire!

≋ **SALISBURY** (à environ 90 minutes à partir de Waterloo Station)

Bath, la ville romaine

292 **Bath** est l'une des plus belles petites villes d'Angleterre (elle compte moins de 90000 habitants). Elle est d'ailleurs classée au patrimoine mondial de l'UNESCO. Sa vie culturelle est très riche grâce à ses nombreux théâtres, à ses musées et aux événements artistiques qui s'y tiennent. Ses attraits les plus populaires, toutefois, sont les thermes romains qui captent les précieuses sources d'eau chaude qui jaillissent du sous-sol. On peut y admirer des statues et de magnifiques bâtiments édifiés avec la pierre dorée des environs. L'élaboration de ce complexe a débuté en l'an 60 et s'est étendue sur trois siècles. Avant les Romains, les Celtes connaissaient ces sources et en profitaient. Ils considéraient même que ce lieu était saint et ils l'avaient dédié au culte de la déesse Sulis pour ses dons de guérisseuse. Les Romains aussi croyaient au côté sacré du lieu et y avaient donné le nom d'*Aquae Sulis*. D'ailleurs, des fouilles ont permis de retrouver plus de 12000 pièces de monnaie romaines, jetées par ceux qui priaient Sulis (identifiée par les Romains à leur déesse Minerve). C'est la plus importante collection d'offrandes votives d'Angleterre. Vous pourrez, vous aussi, y jeter une pièce et faire un vœu, mais vous ne pourrez malheureusement pas vous y baigner, même si la source est toujours active et chaude!

≋ **BATH SPA** (à environ 110 minutes à partir de Paddington Station)

Le berceau du trip hop

293 Nommée «meilleure ville d'Angleterre» en 2014 et en 2017 par le journal anglais *Sunday Times*, **Bristol** est absolument charmante. Cette ville offre une qualité de vie très intéressante à ceux qui veulent lever le pied de l'accélérateur, et les emplois alléchants dans les nouvelles technologies sont nombreux. Bristol est aussi le berceau du genre musical trip hop, apparu au début des années 1990, une fusion de musique électronique, hip hop, funk, R&B et soul. Les artistes emblématiques du trip hop (Tricky, Massive Attack et Portishead) sont tous originaires de Bristol. Cette ville est également la capitale européenne de l'art de rue. C'est ici que le plus célèbre des *street artists*, Banksy, est né et a fait ses débuts. Vous pourrez admirer plusieurs de ses œuvres sur les murs ou dans les musées des environs. Passez voir le fameux **Clifton Suspension Bridge**, emblème de la ville, inauguré en 1864. Marchez au bord de la rivière Avon, dans le quartier Harbourside, pour admirer les jolies maisons colorées de Cliftontwood. Le charme de Bristol fera son effet, c'est promis !

⇌ **BRISTOL TEMPLE MEADS** (à environ deux heures à partir de Paddington Station)

Les origines du dramaturge

294 Située au nord-ouest de Londres, **Stratford-upon-Avon** est le lieu de naissance de William Shakespeare. Cette petite ville de près de 30 000 habitants reçoit chaque année 2,5 millions de visiteurs curieux de mieux connaître celui que la BBC a appelé l'«homme du millénaire». Il faut dire qu'ici, tout tourne autour de la vie et de l'œuvre du plus célèbre dramaturge anglais. Vous pourrez visiter sa maison natale et sa jolie chambre à coucher [Henley St], sa petite école **King Edward VI** [Church St] et la maison d'Anne Hathaway (A) [College Ln] qu'il épousa à l'âge de 18 ans (Anne avait 26 ans). L'appel du théâtre et de Londres étant trop fort, Shakespeare quitta Stratford pour la grande ville afin d'écrire, de jouer et de fonder, entre autres, le **Shakespeare's Globe** (voir raison 209). Il est revenu à Stratford à la fin de sa vie et y est mort à l'âge de 52 ans. On peut voir son tombeau à l'église **Holy Trinity**, là même où il avait été baptisé [Old Town]. Pendant votre séjour, assistez à l'une des pièces du célèbre dramaturge au magnifique **Royal Shakespeare Theatre**, sis au bord de la rivière Avon [Waterside]. Une expérience mémorable !

⇌ **STRATFORD-UPON-AVON** (à environ deux heures à partir de Marylebone Station)

Le repaire des savants

295 Si vous êtes amateur d'architecture, vous aimerez la ville d'**Oxford** où tous les styles sont représentés et se côtoient harmonieusement depuis le IXᵉ siècle. Oxford est également la plus vieille cité universitaire d'Angleterre et la plus ancienne du monde anglophone. L'un de ses anciens étudiants les plus brillants est le célèbre Stephen Hawking, qui est né à Oxford et y a étudié la physique avant de faire ses recherches en cosmologie à Cambridge (voir raison 297). Si vous avez envie de passer la nuit dans cette ville, l'un de mes coups de cœur est le **Malmaison**, hôtel installé dans l'ancienne prison du château médiéval **Oxford Castle**. Les chambres sont en fait constituées de deux anciennes cellules jumelées. Pour vous rendre à votre cellule (!), marchez sur les longues coursives, où circulaient autrefois les gardiens, et poussez la lourde porte de votre chambre. Vous y découvrirez un décor contemporain intégré au plafond voûté, aux murs anciens et aux quelques fenêtres grillagées. Vous n'aurez toutefois pas à respecter de couvre-feu ! Profitez aussi de la cour de l'ancien château pour manger une bouchée au restaurant de l'hôtel ou pour flâner sur l'herbe, au soleil, comme le font de nombreux visiteurs. [3 New Rd]

⇌ OXFORD (à environ 70 minutes à partir de Paddington Station)

Une ville dans le vent!

296 On n'a qu'à prononcer le mot «**Liverpool**» et on pense automatiquement aux Beatles! En effet, cette ville portuaire de l'ouest de l'Angleterre est le lieu de naissance du plus célèbre groupe du monde et elle vaut le déplacement.

D'abord, si vous êtes fan des Beatles, vous ferez ici un pèlerinage dont vous vous souviendrez longtemps. Seule la visite guidée du National Trust, *Beatles Childhood Homes*, vous permettra de découvrir de l'intérieur la modeste maison d'enfance de Paul McCartney (A) ainsi que celle, plus bourgeoise, où vivait John Lennon. Vous déambulerez dans les pièces où les jeunes musiciens ont composé leurs premières chansons, où ils répétaient leur musique et où ils dormaient. Une expérience extraordinaire pour tous les passionnés des Beatles, et j'en suis une! Tout près de la résidence de John, vous verrez **Strawberry Field** [Beaconsfield Rd], l'orphelinat évoqué dans la chanson *Strawberry Fields Forever*. Au centre de la ville, arpentez **Penny Lane**, qui a inspiré la chanson du même nom, et visitez **The Cavern Club** [10 Mathew St], la fameuse salle où les Beatles ont donné de nombreux spectacles à leurs débuts (elle a été reconstruite à l'identique, quelques portes à côté de la salle originale). Liverpool est une fort jolie ville. Les quais ont été revitalisés et les anciens entrepôts, investis par des artistes. Allez y passer une journée... ou deux!

⇌ **LIVERPOOL LIME STREET** (à environ 2 heures 30 à partir d'Euston Station)

La cité universitaire qui fait rêver

298 A

297 Quand je marche dans les rues de **Cambridge**, j'ai littéralement envie de retourner aux études! Je m'imagine très bien passer mes journées dans l'un ou l'autre des 31 splendides collèges qui constituent l'université. Pendant les pauses, je marcherais dans les nombreux jardins et au bord de la rivière Cam bordée de saules pleureurs et de fleurs. Les petits ponts qui l'enjambent sont magnifiques et offrent de beaux points de vue sur l'eau et sur les monuments de cette prestigieuse cité universitaire dont l'histoire est si riche! Fondée en 1209, elle fait partie des cinq meilleures universités du monde et elle est la plus ancienne d'Angleterre après Oxford (voir raison 295). Cambridge est aussi la ville natale de plusieurs membres de l'excellent groupe Pink Floyd, qui ont étudié et appris la musique ici. Ça donne du rock intelligent!

≈ **CAMBRIDGE STATION** (à environ 90 minutes à partir de Liverpool Street Station)

La première ville d'Angleterre!

298 Montez dans le train pour **Colchester**, la plus vieille ville d'Angleterre et première capitale de la province romaine de Britannia (les Romains y bâtirent une forteresse, deux amphithéâtres et un cirque pour les courses de chars). On peut aussi y visiter un joyau de l'époque médiévale, le **Colchester Castle**. Achevé en 1076 sur les fondations du temple romain de Claudius, il est encore plus vaste que la **Tower of London** (voir raison 129), et, tout comme elle, il a été une résidence royale, puis une prison [Castle Park]. Passez par le **Dutch Quarter** (A), un petit quartier qui rassemble plusieurs maisons de style Tudor. Il témoigne de la présence des Hollandais protestants venus s'installer ici au XVIe siècle. Apportez votre vin et votre pain au **Company Shed** [129 Coast Rd, West Mersea], sur l'île Mersea, et dégustez des fruits de mer (huîtres, crevettes, moules et homards) fraîchement rapportés par les pêcheurs locaux. Il est à noter que, parfois, à marée haute, la mer submerge le terre-plein qui relie l'île au continent... Soyez aux aguets! Les amateurs de foot s'offriront des billets pour un match du **Colchester United FC** [Weston Homes Community Stadium]. Allez, les Bleus!

≈ **COLCHESTER TOWN** (à environ 100 minutes à partir de Liverpool Street Station)

297

La campagne de Churchill

299

« Une journée loin de **Chartwell** est une journée perdue », disait l'ancien premier ministre Winston Churchill. Il aimait tellement son domaine de Chartwell, à la campagne, qu'il souhaitait y être continuellement, avec sa femme et ses enfants. Ses occupations le forçaient toutefois à passer beaucoup de temps à Londres, dans sa maison de Kensington (voir raison 264). Chartwell a été la résidence principale (et préférée) du célèbre politicien dès son acquisition en 1922, jusqu'à sa mort en 1965. En visitant le domaine (devenu musée national), vous comprendrez toute l'admiration et l'affection que Churchill ressentait pour ces lieux, et vous saisirez mieux le personnage en reconstituant sa vie familiale et sa vie politique d'après les objets laissés çà et là, comme autrefois, dans les pièces intactes. La maison comptait cinq salles de réception parce que Churchill adorait recevoir ses collègues politiciens, ses amis et les personnalités qu'il admirait (Lawrence d'Arabie, Charlie Chaplin, Albert Einstein, etc.). Visitez sa magnifique salle de lecture abritant son immense collection de livres d'histoire, ses cigares, ses distinctions et ses photos. Vous pourrez également admirer sa collection privée d'œuvres d'art, dont certains tableaux de son cru. Peintre passionné, il s'était fait construire un atelier (que vous pourrez visiter) pour peindre dans la tranquillité et pour éviter de tacher les tapis de la maison ! Il disait avoir acheté le domaine de Chartwell pour sa beauté, mais aussi pour les panoramas. Quand il était à la campagne, il souhaitait immortaliser les paysages à l'aide de son pinceau et de ses couleurs. Vous pouvez vous promener sur l'immense terrain du domaine pour admirer les jardins et, surtout, cette vue qui inspirait tant le « Vieux Lion » !

⇌ **OXTED** (à environ 60 minutes de Londres, en train et en taxi, à partir de Victoria Station)

« Lorsque je serai au ciel, j'ai l'intention de passer mon premier million d'années à peindre ! »
— Winston Churchill

Je voudrais voir la mer

300 Lors de votre séjour à Londres, si l'envie vous prenait de voir la mer, sachez qu'elle n'est qu'à une heure et demie de train ou de voiture. Faites une petite escapade à **Brighton**, une ville qui sent les vacances ! Établie au bord de la mer, cette cité balnéaire attire beaucoup de jeunes (qui étudient dans ses universités) et plusieurs vacanciers qui veulent s'offrir un peu d'air salin, pour un jour ou deux. Explorez le **Brighton Pier**, un long quai sur lequel se tient une fête foraine. Essayez les manèges, la grande roue (semblable au London Eye de Londres) et la nouvelle tour, la **British Airways i360**, qui vous élèvera à 138 mètres (la tour elle-même mesure 162 mètres) à bord d'une nacelle offrant une vue à 360 degrés. Montez aussi à bord du plus vieux train électrique du monde ! La musique est très présente et importante à Brighton, la ville ayant été un terreau du mouvement Mods des années 1960. C'est d'ailleurs ici qu'a été tourné le film *Quadrophenia*, inspiré de l'opéra-rock du groupe The Who. L'histoire met en vedette un jeune mod londonien désillusionné qui se rend à Brighton dans l'espoir d'y revivre la vie excitante d'autrefois. Aujourd'hui, de nombreux festivals de musique se tiennent chaque année dans la ville. Dans les environs, vous croiserez peut-être la chanteuse Adele, le chanteur Nick Cave ou le guitariste et chanteur David Gilmour, qui ont élu domicile dans ce lieu vivifiant.

≋ BRIGHTON (à environ 90 minutes de Londres à partir de Blackfriars ou de Victoria Station)

Index

Les numéros de l'index renvoient à l'une des 300 raisons d'aimer Londres.